(조 헤버 존스 著) 국문독본

이 책은 한국학중앙연구원이 지원하는 2014년 한국학총서(한국근현대총서) 개발 사업(AKS-2014-KSS-1230003)에 따라 자료 복원 차원에서 이루어진 것입니다.

엮은이 허재영

- 현재 단국대학교 교육대학원 교육학과 국어교육 부교수.
- 국어문법사를 전공하였으며, 국어 교육사와 제2언어로서의 한국어 교육 분야에 관심을 갖고 연구를 진행하고 있음. 건국대학교, 춘천교육대학교, 성신여자대학교, 경원대학교 등 여러 학교에서 강의를 하였으며, 서울대학교 국어교육연구소 선임연구원, 호서대학교 겸임 교수, 건국대학교 강의 교수를 지냈음.
- 논저로는 『부정문의 통시적 연구』(2002, 역락), 『국어과 교육의 이해와 탐색』(2006, 박이정), 『제2언어로서의 한국어교육의 이해와 탐색』(2007, 보고사), 『국어의 변화와 국어사 탐색』(2008, 소통), 『우리말 연구와 문법 교육의 역사』(2008, 보고사), 『일제강점기 교과서 정책과 조선어과 교과서』(2009, 도서출판 경진), 『통감시대 어문교육과 교과서 침탈의 역사』(2010, 도서출판 경진), 일제강점기 어문 정책과 어문 생활 시리즈로 『일제강점기 어문 정책과 어문 생활』(2011, 도서출판 경진), 『조선 교육령과 교육 정책 변화 자료』(2011, 도서출판 경진), 『일본어 보급 및 조선어 정책 자료』(2011, 도서출판 경진), 그 밖의 국어사 및 국어과 교육 관련 논문이 다수 있음.

(조 해버 존스 著) 국문독본

© 허재영, 2016

1판 1쇄 인쇄_2016년 07월 05일
1판 1쇄 발행_2016년 07월 15일

엮은이_허재영
펴낸이_양정섭
펴낸곳_도서출판 경진
      등록_제2010-000004호
      블로그_http://kyungjinmunhwa.tistory.com
      이메일_mykorea01@naver.com

공급처_(주)글로벌콘텐츠출판그룹
      대표_홍정표
      편집_송은주 디자인_김미미 기획·마케팅_노경민 경영지원_이아리
      주소_서울특별시 강동구 천중로 196 정일빌딩 401호
      전화_02-488-3280 팩스_02-488-3281
      홈페이지_http://www.gcbook.co.kr

값 14,000원
ISBN 978-89-5996-506-9 93370

(조 해버 존스 著) 국문독본

허재영 엮음

경진출판

『국문독본』은 1902년 미국인 선교사 조 해버 존스(한국명 조원시)가 지은 최초의 민간 순국문독본이다. 1895년 근대식 학제 도입 이후 학부에서는 다수의 독본을 편찬했는데, 개인이나 민간단체가 본격적으로 교과서를 개발한 것은 1900년대 이후의 일이다. 특히 다수의 교과서는 1905년 이후에 출현하는데, 『국문독본』은 학부 편찬의 독본과는 달리 초학용 순국문독본이라는 점에서 큰 의미를 갖는다.

이 독본의 저술 동기는 영문 초판 서문에서 밝힌 바와 같이, 학제 개편에 따른 교과서의 필요성, 고유 사상을 반영한 새로운 국가사상, 낡은 학제를 벗어난 한국 사상을 기르기 위한 노력으로 『초학언문』의 심화 단계에 해당하는 교재를 개발하고자 한 데서 비롯되었다.

『국문독본』은 서문과 51개 공과로 이루어져 있으며, 각 공과는 대부분 일화, 우화, 민담, 역사 이야기 등의 형식을 취하고 있다. 이들 이야기에는 저자가 의도하는 교훈이 담겨 있는데, 각 이야기 속의 교훈은 '분수를 아는 삶, 지혜, 근면, 효도, 신의, 겸손, 금욕, 말조심, 보은, 경쟁과 협동, 문명개화를 위한 교육의 필요성, 용기와 인내심, 친구 사귀기, 처세' 등과 같이 개인과 사회의 수신 윤리를 반영하였다.

이 교재의 자료는 대부분 1895년 학부에서 편찬한 교과서에서 선별하였으며, 일부 자료는 『공자가어』, 『삼국유사』 등의 이야기를 대상으로 하였다.

이 독본을 편찬한 조 헤버 존스(이하 조원시)는 1888년 아펜젤러 목사의 요청으로 미국에서 입경(入京)한 선교사이다. 이에 대해서는 한선현(1997)에서 비교적 상세히 고찰된 바 있으며, 기록상 다소의 차이는 있을지라도 기독교대한감리교교육국(1977), 정동제일교회역사편찬위원회(1977), 유동식(1994) 등의 자료를 근거로 할 때 이 해 5월경 입국한 것으로 추정할 수 있다. 한선현(1997)에서는 선교사로서 그의 행적을 비교적 상세히 고찰한 바 있는데, 이에 따르면 조원시는 입경 후 1888년부터 1891년까지 배재학당에서 수학을 가르쳤으며, 1891년에 선교회 서기로 임명된 후 1892년 제물포가 선교 거점지역으로 지정될 때 최초 주재 선교사로 파견되어 제물포와 강화 지역에서 선교 활동에 주력하였다. 이는『국문독본』의 영문판 초판 서문(Preface to First Edition)이 1902년 5월 1일 제물포(Chemulpo)에서 쓰였음을 나타낸 데서도 확인할 수 있다.

조원시의 선교 활동에 대한 연구는 한선현(1997, 1998), 이환진(2010), 조혜라(2015) 등의 선행 연구가 있다. 이에 따르면 조원시는 1892년부터 1898년까지 올링거(F. Olinger, 1845~1919)와 함께 *The Korean Repository*의 주필로 활동하였으며, 1900년 12월 최초 한국어 월간지『신학월보』를 창간하고 주필을 맡으면서 다수의 논설을 발표하였다. 또한 헐버트(H. B. Hulbert, 1863~1947)가 편집자였던 *The Korean Review*의 주필을 맡았으며, *The Korean Methodist*를 편집하고 간행하였다. 1903년 5월부터 3년간 신병 치료차 귀국하여 미국에 살면서 웨슬리안 대학에서 신학 박사학위를 받고, 1906년 여름에 다시 입경하여 '대한예수교 총리사'로서 활동하였다.

『국문독본』은 현재 국립중앙도서관 디지털라이브러리에서 확인할 수 있으며, 이 자료집에서는『국문독본』을 제시하고, 자료 출처가 확인되는 자료를 참고로 대조하였으며, 대한국민교육회(1906)의『초등소학』,『고등소학독본』에서 확인할 수 있는 같은 소재의 단원을 대비하였다.

〈참고문헌〉

서신혜(2012), 「한국 기독교 초기 출판 서적 소개: 초학언문과 국문독본」, 『문헌과 해석』, 2012년 가을호, 태학사.

소요한(2015), 「한국 근대교육 선구자 아펜젤러(13): 근현대 출판의 산실」, 『국민일보』, 2015.2.10.

이환진(2010), 「존스(조원시)의 『구약공부』(1893) 룻기 번역 분석」, 『신학과 세계』 67, 감리교신학대학, 7~93쪽.

조혜라(2015), 「내한선교사 존스(George H. Jones)의 신학 패러다임의 변화와 요인 연구: 신학월보를 중심으로」, 연세대학교 석사논문.

한선현(1998), 「초기 한국 선교사 Goerge Heber Jones(조원시)에 관한 연구: 1887~1909년에서의 선교사역과 신학사상을 중심으로」, 『성결교회와 신학』 2, 현대기독교역사연구소, 224~249쪽.

목차

조해버 존스 著 · 미이미교회 책판

국문독본

Preface to First Edition

With the rise of a new system of Education in Korea comes an urgent call for suitable textbooks. Under the old regime, when the native script was ignored and education was confined to Chinese, the old textbooks served very well. But changed conditions have prevailed since 1894 and a new national spirit has led the Koreans out along new lines of development. Especially has this been the case in education - the old school system being modified for the bester, a place being accorded the Korean script which was formerly denied. At first there were no text-books with which to being a study of the script, and to meet the need of a Primer, the Cho-hak Un-mun, was issued. It is now felt that the time is ripe to send forth a continuation of the Primer in the form of a First Reader, which with supplement the Primer and carry those who began their study with it deeper in to a knowledge of Korean.

Originality is not claimed for the collection of stories herewith offered. Some of them have been taken from the Chinese readers already in use in the government schools for the study of Chinese, and some of them have been translated from western history. But the most of them have been gathered from the stories which circulate among the Koreans and which are familiar to them.

GEO. HABER JONES.

Chemulpo, Korea May 1st, 1902.

〈번역〉

한국에서 새로운 교육 제도가 도입된 이후 이에 적합한 교과서에 대한 요구가 시급해지고 있다. 구시대의 체제 하에서, 고유한 사상이 무시되고 중국식으로 짜인 교육에는 낡은 교과서가 적합했다. 그러나 1894년 이후 상황이 바뀌고 새로운 국가사상이 한국인을 발전의 선상에 서게 하였다. 특히 교육에서는 낡은 학제가 좀 더 나은 학제로 변화해 가고 있으며, 예전에는 부정되었던 한국의 사상에 적합해지고 있다. 이러한 학습에 적합한 교과서가 전혀 없었을 때 처음으로 초급 학습자가 만난 『초학언문』은 큰 관심사가 되었다. 초학자용 학습서가 제4판까지 지속되어 초급 독자가 생겨났고, 초등용을 보완하고 배움을 좀 더 깊게 하고자 하는 사람들에게 적합한 교재가 필요함을 느끼게 되었다.

여기에 제공된 이야기들은 독창적인 것이 아니다. 일부는 기존에 정부의 학교에서 한문 독자들을 위해 사용했던 것이며, 일부는 서양의 역사를 번역하였다. 그러나 이들 대부분은 한국인들 사이에 이미 널리 알려져 있고 친숙한 것들을 모은 것이다.

조 해버 존스.
제물포, 1902.5.1.

국문독본 서문

대개 사람이 세상에 나매 무론남녀하고 불가불 학문이 잇서야 지식이 발달하고 의견이 고명하나니, 학문상에 유익한 서책은 부지기수로대 아희가 깁흔 학문을 배홀 수 업는 거슨 지식과 의견이 부족한 연고라. 그런고로 학문 배호는 차서가 잇스니 비유컨대 사다리에 올나가는 것과 갓흐니, 사다리에 올으는 사람이 아래를 밟아 차차 올나가지 아니하고 졸지에 우혜를 쒸여 올으고자 하면 반다시 넘어지지 아니하면 써러질지라. 므릇 적은 거스로 큰 거슬 니르고 갓가온 대로브터 먼 대를 니르는 거슨 자연한 리치오 썻썻한 법이라.

대한에 글 두 가지가 잇스니 하나흔 한문이오, 하나흔 국문이니 한문으로 말하게 데면 자양이 긔묘하야 그림과 갓고 문리가 교책하야 비단문의 갓하니 진실노 문장 선배의 글이라. 사다리의 쏙닥이되고, 국문으로 말하게 데면 자획은 간단하나 어음이 쏙쏙하며 문리가 천근하나 쓰지 못할 배 업스니 가히 모든 리치를 가르칠 만하도다. 남녀로유 간에 이 국문 사다리를 밟으면 능히 올나가지 못할 지식이 업고 쏘한 넘어지고 써러질 념려 업스리라.

일노 말매암아 국믄을 힘써 숭상함이 한문 공부에 비교하면 가위 사반공배요 모든 학문상에 유익한 리치를 다 배화 알 만한지라. 쏘

세상 풍속에 남자는 혹 학교에 드러가 교육 밧는 자가 잇스나 여자는 당초에 학문을 가르치지 안코 다만 천력으로 부리기를 노비갓치 하며 문 밧긔 나지 못하게 하야 옥에 갓친 죄인과 갓치 하니 무삼 식견이 잇스리오.

학문이 업는 고로 의견이 몽매하야 첫재는 좁은 마음으로 매사를 잘 헤아릴 수 업고 둘제는 남의 어미되여 자녀 훈계할 줄을 잘 알지 못하니 진실노 개탄한 일이라. 그런 고로 남녀 무론하고 어린 아희 초학을 위하야 책 일 편을 저술하엿스니 일홈은 <u>초학언문</u>이라. 이 책은 언문 자획과 그 배호는 법과 아희 교육하는 법을 형성하엿고 또 이번에 저술한 책 일홈은 <u>국문독본</u>이니 이 책은 지식의 유익한 뜻과 학문에 진보되는 말과 고금에 유명한 사람의 사긔를 대강 긔록하엿스니 그 전 공부에 비하면 뜻이 조곰 깁고 문맥이 호번하니 거의 초학하는 자의게 차서가 될 듯하도다. 이 글을 잠심하여 보고 볼 쑨 아니라 쓰기도 하며 쓸 쑨 아니라 외오기도 하며 외올 쑨 아니라 리치를 궁구하면 초학자의 유익함이 잇쓸가 하노라.

주강생 一千九百三年 월 대미국선교사 조원시

◎ 제일 공과, 여호라

여호의 모양은 개와 갓고 또 간사한 재조가 잇고 의심이 만한 즘승이니 그럼으로 간교한 재조가 잇고 의심이 만한 사람은 여호와 갓다 하니라. 여호의 귀와 코는 샢족하며 눈은 밝으며 쇼리는 길고 숫하며 쌍에 구명을 파고 그 속에서 사나니 낫에는 숨어 단니고 밤에는 먹을 거슬 차지러 나오나니 여호는 개고리며 쥐며 닭을 잘 먹으며 쏘 집오리며 나모 실과를 먹나니라.

〈참고〉 『신정심상소학』 권2 제6과 '여호라'

여호는 그 形狀이 기와 브스름ᄒ고 쏘 狡ᄒ 才操가 잇는 짐승이올시다.

그러므로 간교ᄒ 才操 잇는 ᄉ름을 여호 갓다 ᄒ옵늬다. 여호의 귀와 코는 샢족ᄒ고 눈은 밝으며 쇼리는 길고 숫ᄒ며 쏘에 구명을 파고 그 속에서 ᄉ느니 낫에는 숨어 다니고 밤에는 먹을 거슬 ᄎ지라 나옵늬다. 여호는 닭이며 기구리며 쥐를 잘 먹으며 쏘 집오리며 木實을 먹습늬다.

◎ 제이 공과, 나모 리치라

나모 줄기와 가지가 점점 크게 되는 거슨 쌀희가 흙 가온대서 길을 만한 진액을 잘 올녀 보내기에 잇는지라. 대개 나모는 해마다 한 껍질식 자라나니 그런 고로 몃 해 묵은지 알고저 하면 줄기를 버혀 그 베힌 자리을 보면 둥글게 도라간 나모절 수효로조차 아나니 쏘 그 중심에 잇는 조고마한 절은 첫해에 생긴 거시니라.

〈참고〉『신정심상소학』권2 제7과 木理라

나무줄기며 가지가 漸漸 크게 되는 거슨 그 쌀이가 土中에서 길을 만흔 津液을 잘 올니기에 잇는 緣故ㅣ라.

大槪 나무는 每年 흔 껍질 式 즈라ᄂ니 그런 故로 몃 히 묵은 줄을 알고즈 ᄒ면 줄기를 뷔여ᄂ시서 그 뷘 즈리를 보면 둥글게 도라간 나무결 數爻로 좃ᄎ 아ᄂ니 쏘 그 中心에 잇는 조고마흔 결은 初年에 싱긴 거시외다.

◎ 제삼 공과, 기름이라

기름은 그 종류가 매우 만하니 이루 말하기 어려오나 항용하는 거슬 닐을진대 참깨와 콩과 들깨와 면화씨를 짠 것과 수유와 산추와 피마자와 솟태와 동백과 모든 나모 열매로 짠 것과 복어와 상어와 고래와 멸치와 여러 가지 어유를 내인 것과 소와 돗과 곰과 오소리와 모든 기는 즘승의 기름과 닭과 백노와 곤이와 여러 가지 날즘승의 기름과, 또 석유가 잇스니 참깨 기름과 콩기름과 소기름은 항용 음식에 쓰며 불도 혀고 면화씨 기름과 어유와 수유 기름과 산추 기름은 불 혀는대 만히 쓰나니라. 들깨 기름은 스려서 도유를 만다러 우산과 유삼과 각색 유물 만다는 대 쓰며, 혹 강정과 산자 만다는 대도 쓰며, 돗기름과 곰기름과 오소리 기름과 닭기름과 백로 기름과 피마자 기름은 약용에 만히 쓰며, 또 동백 기름은 머리에 바르며 석유는 석탄 잇는 쌍을 깁히 파서 길어내여 등불 혀는 대 제일 조흐며 또 박하유와 솟태 기름과 살구씨 기름은 사람의 병 곳치는 대 쓰나니라.

〈참고〉『신정심상소학』권2 제8과 기름이라
기름은 그 種類가 甚多하니 이루 말하기 어려오나 恒用 하는 거슬 일은則 춤씨와 콩과 들씨와 면화삐들을 짠 것과 靑魚와 고리와 머르치들 魚類

룰 싸서 민든 것과 쏘 石油가 잇습늬다.

춤세기름과 콩기름은 恒用 食物에 쓰며 쏘 불도 켜고 면화씨 기름과 魚油는 불켜기에만 쓰느이다.

들세기름은 쯰려서 도유룰 민드러 雨傘이며 油衫이나 민드는 데 쓰고 石油는 專 혀 石油燈에만 쓰옵늬다.

石油는 石油 잇는 짠홀 깁히 파서 길어늬여 그 기름을 민든 거시올시다.

◎ 제사 공과, 술이라

술이라 하는 거슨 녜전에 의적이라 하는 사람이 만단 거시니 하나라 우님군이 맛보시고 갈아대 후세에 나라를 망할 자가 잇스리라 하더니 그 후로 패가망신한 자는 가히 헤알일 수 업도다. 대개 술은 한가지도 리함이 업스니 살인하는 자가 무어스로 하며 원수지는 자가 무어스로 하며 싸호는 자도 무어스로 하며 간음하는 자도 무어스로 하며 방탕하는 자도 무어스로 하며 슯허하는 자도 무어스로 하며 죽는 자도 무어스로 하며 병든 자들도 무어스로 하나뇨. 모든 악한 일이 술에 잇나니라.

술 일홈은 매우 만하니 소주와 청주와 탁주와 맥주와 과하주와 소곡주와 감홍로와 포도주와 국화주와 두견주와 송렵주와 죽엽주와 백화주와 여러 가지 술 만다는 법이 잇스되 제일 독한 술은 다 소주로 만다니라.

◎ 제오 공과, 소곰이라

여러분은 다 소곰이 맛시 짠 줄은 아시나 그러나 그거슬 무엇스로 엇더케 만다는지 모로시겟기로 그 니야기를 대강 설명하오리이다. 소곰은 바닷물노 만다는 거신대 그 만다는 법은 바다가에 조수 래왕하는 쌍에 조수물 감할 쌔이면 그 쌍을 자조 갈라셔 폭양에 잘 말녀 그 흙을 모히여 두니 그 곳을 염밧이라 하나니라. 그 후에 조수물을 길어다가 맛치 재물 나리드시 하야 간이 녹은즉 그 물을 큰 가마솟에 부어 물이 다 졸아지도록 불을 쌔여 쓰리면 그 후에 희고 정한 소곰이 되나니라. 쏘 다른 소곰은 산에서도 파내여 만다는 법도 잇나니라.

대개 소곰은 음식에 제일 요긴한 거시오, 쏘 상하고 썩어지는 것도 소곰을 쑤리면 다시 아니 상하나니라. 소곰에 유조함을 다 말할 수 업도다.

〈참고〉『신정심상소학』권2 제11과 소곰이라
여러분은 다 소곰 맛시 짠 줄은 아시나 그러나 그 거슬 무엇스로 엇더케 밍그는지 모르시는가 보니 그 이익기를 大槪 ㅎ오리이다. 소곰은 바다물노 밍그는 거신듸 그 밍그는 法은 潮水를 기러셔 海邊 白沙場에 널니 여러번 쑤려 曝陽에 말니면 소곰이 모릭에 붓느니 이 沙場을 鹽田이라 稱

ᄒᆞᄂ이다. 그런 후에 그 모ᄅᆡᄅᆞᆯ 글어 모와 광주리에 담고 물을 부어 그 소곰 녹은 물을 큰 솟테 담아 물이 마르도록 ᄯᅳ리면 드듸여 희고 精ᄒᆞᆫ 소곰이 되ᄂᆞ이다.

ᄯᅩ 소곰은 山에서도 파ᄂᆡ여 밍기ᄂᆞᆫ 法도 잇슴ᄂᆡ다.

◎ 제륙 공과, 달팽이라

달팽이라 하는 거슨 등에 한 껍질을 지고 잇스니 이는 몸을 감초는 집이니라. 달팽이가 잇다간 나올 째이면 연한 쌀 네슬 내나니 그 중에 긴 것 둘에 씃헤는 눈이 잇고 썩은 것 아래에는 입이 잇나니라. 달팽이가 제 마음대로 그 쌀을 움지기도 하고 쏘 내여 느리기도 하니 이 버러지는 배를 붓치고 느릿느릿하게 단니며 쏘 집 우헤도 올나가니 급히는 단니지 못하니 일노 인하야 일 너무 천천히 하는 사람은 속담으로 달팽이라 하나니라. 달팽이가 겨을이 되면 집에 들어 치운 째를 지내나니 쏘 집업는 달팽이도 잇스니 그런 고로 집업는 사람은 달팽이 갓다 하나니라.

〈참고〉『신정심상소학』권2 24과 달핑이라
달핑이는 등에 흔 껍질을 가지고 잇스니 이는 몸을 감추는 집이오이다.
달핑이가 잇다감 나올 째 軟흔 쌀 넷슬 니니 그 中에서 긴 것 둘의 씃테는 눈이 잇고 져른 것 둘의 아릭에는 입이 잇습니다.
달핑이가 제 마음티로 그 쌀을 움치기도 ᄒ며 쏘 내여 느리기도 ᄒ니 이 버러지는 빅를 붓치고 느릿느릿ᄒ게 다니며 쏘 집 우에도 올나가나 急히는 다니지 못ᄒᄂ이다.

22

(달팽이 삽화)

달핑이는 겨을이 되면 집에 들어 치운 찍를 지니옵느이다.

◎ 제칠 공과, 누에라

누에라 하는 거슨 뽕나모 닙을 먹는 버러지라. 처음에는 털버러지 색기 갓치 뵈이다가 뽕닙을 먹으매 몸이 차차 크고 빗치 희며 윤택하니 이와 갓치 세 번 자고 깬 후에는 섭으로 올나가서 입으로 실을 토하고 집을 삼어 그 속에 잇스니 그 집 일홈을 곳치라 하나니 이 곳치을 삶으며서 실을 뽑아 각색 비단을 짜는 거시라. 또 누에는 화생하는 버러지니 처음에 버러지로 집을 지은 후에 나뷔로 화생하야 알을 시러 종자를 전하나니 사람이 누에와 갓치 육신은 늙으면 죽어서 지하에 뭇치고 령혼은 영생하는 마당에 나아가니 이 일노 그 리치를 가히 알지니라.

〈참고〉『신정심상소학』권2 제5과 누에라
누에는 뽕닙을 먹는 버러지라.
처음은 조고만 毛蟲의 싁기처럼 뵈이다가 뽕닙 먹기랄 四五十日間이 되면 그 몸이 크고 빗치 희며 明潤흔 然後에 입에서 실을 또ᄒ야 제 몸을 감아서 집을 숨고 그 속에 잇스니 그 집을 곳치라 일으ᄂ니 이 곳치를 살마서 실을 뽑ᄂ이다.

◎ 제팔 공과, 호랑의 니야기라

호랑이라 하는 즘승은 여러 즘승 중에 제일 용맹이 잇고 위엄이 만한 즘승이니 그런 고로 산즘승의 님군이라 하나니라. 하로는 여호를 잡아 먹으랴 하거늘 여호가 슯히 비러 말하되 만일 나을 살니면 모든 즘승을 만히 모라드리마 한즉 호랑이가 허락한대 여호가 머리를 흔들며 쇠리를 쓸고 압서 가니 뭇즘승들이 가소리보고 모다 나나서 조롱할새 호랑이가 뒤에 조차와서 다 잡아 먹엇다 하니라. 쏘 하로는 곰을 잡아먹으랴 하되 곰은 힘이 만한 즘승이라. 능히 대적지 못하고 한 쇠를 생각하야 가만히 가서 곰의 뒤다리를 물고 놉흔 바위 아래에 숨엇더니 곰이 크게 노하야 큰 나모를 쏩으며 호랑이를 치니 호랑이는 맛지 안코 바위만 맛는지라. 곰은 본래 미련한 고로 호랑이가 그 나모로 자긔를 도로 칠가 두려워 하야 나모를 모다 걱거 바리거늘 호랑이가 쏘 한 번 곰을 물고 그 전과 갓치 숨엇더니 곰이 쏘 그 전과 갓치 하기를 종일토록 하매, 긔력이 피곤하야 쌍에 업더지거늘 호랑이가 그제야 곰의 목을 물어 죽이고, 잡아 먹엇다 하니, 사람도 이 거슬 보면 힘보다 지혜가 무서온 줄을 가히 알겟도다.

〈참고〉『신정심상소학』권3 제6과에서는 '호가호위'를 수록함 = '虎와 狐의 話라'

古時에 흔 범이 여호 흔아를 生擒ᄒᆞ야 먹고즈 ᄒᆞ더니 그 여호ㅣ 갈오디 나는 짐싱의 王이 되야 하늘에서 나려왓스니 萬一 나를 犯ᄒᆞ면 直地에 罰을 입을이라.

범이 그 말을 듯고 半信半疑ᄒᆞ거늘 여호ㅣ 쏘 갈오디 네 늬 뒤를 좃ᄎ와 보아라. 山中의 百獸ㅣ 다 나의 威風을 怯ᄒᆞ야 逃亡ᄒᆞ리라 흔디

범이 여호의 眞僞를 試驗코즈 ᄒᆞ야 其後를 從行ᄒᆞ야 본즉 果然 모든 짐싱이 다 恐懼ᄒᆞ야 逃亡ᄒᆞ거늘 범이 自己를 怯ᄒᆞ야 逃亡흔 쥴은 알지 못ᄒᆞ고 眞實노 여호의 威嚴이 壯ᄒᆞ다 ᄒᆞ더라.

然故로 主人의 勢力이며 親知의 權威을 밋고 微弱흔 사름을 陵虐ᄒᆞᄂᆞᆫ 者를 俗言에 일으되 狐假虎威라 ᄒᆞᄂᆞ이다.

◎ 제구 공과, 인의례지신이라

무릇 사람마다 다섯 가지 덕행이 잇스니 측은한 마음으로 널니 사랑함을 인이라 하고 붓그러온 마음으로 맛당한 일을 행함을 의라 하며, 사양하는 마음으로 공경하고 존절함을 례라 하며, 올코 그른 거슬 분변하는 마음으로 만물에 당연한 리치를 해석함을 지라 하며, 진실한 마음으로 거짓시 업고 하나흘 주장하야 정성 잇슴을 신이라 하나니, 부모 섬기기는 인으로 하고, 님군 섬기기는 의로 하고, 부부의 분별은 례로 하고, 장유의 차례는 지로 하고, 붕우의 사굄은 신으로 하나니라.

〈참고〉『신정심상소학』권2 제9과 禮와 信과 仁이라 (예, 신, 인)

무릇 스름을 對ᄒᆞ야 恭敬ᄒᆞ며 사랑ᄒᆞᄂᆞᆫ 모음을 뵈는 거슬 禮라 ᄒᆞ며 正直ᄒᆞ야 조곰도 남을 속이지 아니홈을 信이라 ᄒᆞ며 또 니 힘을 혜아려 남을 救濟홈을 仁이라 을으옵ᄂᆡ다. 스름이 되야서 此 三德을 具備ᄒᆞ야 ᄒᆞᆫ가지도 缺홈이 업슨 則 비로소 스름이라 홀 만ᄒᆞ옵ᄂᆡ다.

스름이 世上에 나와서 萬若 善良ᄒᆞᆫ 스름으로 못 되얏스면 그 世上에 나온 보름이 어듸 잇슬잇가.

그러므로 여러분의 工夫를 ᄒᆞ심도 畢竟 善良ᄒᆞᆫ 스름이 되야 나라를 爲ᄒᆞ며 또 自己를 爲ᄒᆞ야 盡力ᄒᆞ랴 홈이 아니온잇가.

◎ 제십 공과, 동모라

동모라 하는 거슨 학교에 단이며 갓치 공부하고 쏘 갓치 노는 자를 닐아리니 그 정직하야 남을 속이지 아니하며 학식이 만한 사람은 조흔 동모요, 내 몸에 유익한 벗이 될 거시니, 그런 고로 우리는 힘써서 그런 조흔 동모로 더브러 사괴는 거시 올흐니, 쏘 남을 속이며 간사하며 아첨하는 사람은 악한 동모니 우리는 결단코 그런 악한 동모를 사괴지 아니할 일이라. 녜전 말이 착한 사람으로 한가지 잇스면 그 내암새가 향긔로온 난초와 갓고, 악한 사람으로 한가지 잇스면 그 내암새가 썩은 고기 갓다 하니라. 항상 악한 동모를 상종하면 제 집안도 악한 행습에 물드러서 드대여 악한 사람이 되나니 속담에 갈아대 불근 것과 상종하면 불근 빗치 된다 하는 말은 불근 것과 흰 거슬 한데 둔즉 흰 것도 역시 불근 빗치 되는 것갓치 악한 벗으로 더브러 상종하면 자연 악습에 물든비단[1] 유니라.

〈참고〉『신정심상소학』권2 제10과 동모를 갈히는 法이라

동모란 거슨 갓치 學校에 다니고 갓치 工夫를 하며 쏘 갓치 노는 者를

---

[1] 물든비단: '물드린단'의 오식.

일으느이다.

그 親切ᄒ야 남을 속이지 아니ᄒᄂᆫ 사름은 조흔 동모요 우리 몸에 益友ㅣ 될 것시니 故로 우리는 힘뼈 그런 조흔 동모로 더부러 사귀는 거시 올소이다.

또 남을 속이며 남을 害롭게 ᄒᄂᆫ 사름은 악흔 동모ㅣ니 우리는 決斷코 그런 악흔 동모를 사귀지 아니홀 일이오이다.

恒常 악흔 동모를 相從ᄒ면 自家도 惡흔 行習에 물드러 드듸여 惡人이 될 거시요.

俗談에 갈오듸 朱紅과 相從ᄒ면 블근 빗치 된다 ᄒᄂᆫ 말도 잇스니 이거슨 블근 것과 흰 거슬 흔데 둔 則 흰 것도 亦是 블근 빗치 되는 것 ᄀᆞᆺ치 惡友로 더부러 相從흔 則 自然히 惡習에 물드린단 譬喩올시다.

◎ 제십일 공과, 소야도풍의 니야기라

소야도풍이라 하는 사람은 일본 나라에서 유명한 글시 잘 쓰는 사람이라. 이 거슨 도풍이가 길 가다가 보니 한 개고리가 버들나모 가지에 붓고저 하다가 여러 번 써러지되 더욱 힘서 긋치지 안터니 맛참내 그 가지에 붓거늘 도풍이가 그 거슬 보고 감동하야 아모 일이라도 참 힘을 꼭 쓴즉 못 될 거시 업다 하고 그 후에는 눈오는 아참에도 일즉이 니러나며 비오는 밤이라도 늦도록 힘써 글씨를 배와 드대여 유명한 글시 잘 쓰는 사람이 되어 지금까지 사람들이 대단히 칭찬하나니라.

〈참고〉『신정심상소학』권2 제12과 小野道風의 이이기라

小野道風이라 ᄒᆞᄂᆞᆫ 사ᄅᆞᆷ은 日本國에서 일홈난 筆家ㅣ라. 이 거슨 道風이 雨中에 서셔 ᄀᆡ구리를 보는 그림이오이다.

이 ᄀᆡ구리는 버들나무 가지에 붓고즈 ᄒᆞ다가 여러번 써러지되 더욱 힘써 긋치지 아니ᄒᆞ더니 맛춤ᄂᆡ 그 가지에 붓텃슴니다. 道風이 그거슬 보고 感動ᄒᆞ야 아모 일이라도 忍耐ᄒᆞ야 힘을 쓴 則 못 될 거시 업다 ᄒᆞ고 其後는 雪朝에도 일즉이 일어나며 雨夜에도 늦도록 勉勵ᄒᆞ야 글시를 비와 드듸여 有名ᄒᆞᆫ 筆家ㅣ 되야 至今ᄭᅵ지 사ᄅᆞᆷ들이 大端히 稱讚ᄒᆞ옵ᄂᆡ다.

◎ 제십이 공과, 단군의 니야기라

동국통감에 갈아대 동방에는 처음에 군장이 업더니 신인이 태백산 박달나모 아래에 나려오거늘 나라 사람이 세워 님군을 삼으니 이는 곳 단군이라 하며, 또 삼국유사에 갈아대 천신이 태백산 제단나모 아래에 강님하니 그 째에 한 곰이 천신의게 빌엇스니 사람되기를 원한대 드대여 녀인의 몸으로 환생하엿더니 그 녀인이 천신의 교접한 바 되어 아달을 아으니 이는 곳 단군의 소생이니라. 이에 단군이 나라 일홈을 조선이라 하니, 이 째는 요님군 무진년이라. 처음에 평양에 도읍하엿다가 상나라 무정 팔년 을미에 니르러 구원산2)으로 드러가 신이 되엿나니라. 이 세대에 조선을 상고하건대 예수 강생 전 이천이삼백 년일이라. 그 째에 우리 동방이 캄캄하야 열니지 못한 거슨 말하지 아니하야도 가히 알니로다. 론어에 아홉 오랑캐라 한 말은 우리 동방을 가리친 거시니 우리의 생각에는 상고브터 중고까지 아홉 종류가 퍼저 살며, 님군도 업고 어문도 업슬 째에 타국에서 엇더한 사람이 온 거슬 보고, 인이라 하야 님군을 삼엇는가 하노라. 넷 사람 중에 혹은 닐아대 단군이 일천사십년 동안을 장수하며 한 나라

---

2) 구원산: 구월산.

를 누렷다 하고, 혹은 닐아대 일천사백팔십년 동안을 자자손손히 전하여 나려온 세대라 하니라.

<참고> 학부편찬(1895), 『조선역사』 '檀君紀'

檀君은 [名은 王儉이니 或云 王險이라 ㅎ니라] 東方에 쳐음에 君長이 無ㅎ더니 神人이 有ㅎ야 太白山 檀木下에 降ㅎ거늘 國人이 奉立ㅎ야 爲君이라 ㅎ니 號를 檀君이라 ㅎ고, 國號를 朝鮮이라 ㅎ니, 初에 平壤에 都ㅎ고 後에 白岳에 都ㅎ니라. [太白山은 今寧邊의 妙香山이오, 白岳은 今文化의 九月山이라]

戊辰 元年이라 [唐堯의 二十五年이라] 民을 敎ㅎ야 髮을 編ㅎ야 首를 盖케 ㅎ다. 彭吳를 命ㅎ야 國內의 山川 險隘ㅎ고 高低홈을 治ㅎ야 뻐 民의 居ㅎ믈 奠케 ㅎ다.

甲戌에 [夏禹의 十八年이라] 子 扶婁를 遣ㅎ야 夏禹氏를 塗山에 朝ㅎ다. 後에 阿斯達에 入ㅎ야 終흔 바를 아지 못ㅎ니라. [阿斯達은 또흔 九月山이라 云ㅎ니라]

◎ 제십삼 공과, 사마온공의 지혜

녜전에 송나라 쌔에 사마온공이라 하는 사람이 잇스니 이 사람이
오륙세 될 쌔에 아해들과 갓치 노다가 동모 중에 한 아해가 쯧밧긔
물독 속에 쌔지거날 급히 구원코저 하나 그 독이 깁고 물이 만하야
엇지할 수 업스매 각각 황황하야 엇지할 줄 모로더니 홀노 사마온공
이 돌을 들어 독을 쌧처서 이 아해를 구원하엿스니 진실노 사람의
지혜는 측량치 못할 일이니라.

〈참고〉『신정심상소학』권2 제18과 司馬溫公 어린 씩 이이기라

녯젹 支那 宋時에 司馬溫公이란 스름이 잇스니 五六 歲 時에 兒孩들과
갓치 노다가 동모 中 흔 兒孩가 意外에 물독 속에 쌔지는지라. 急히 救코자
ᄒ나 그 독이 깁고 물이 만하 엇지흘 수 업스미 각각 慌惶罔措ᄒ더니 홀노
司馬溫公이 돌을 드러 독을 쌔처 이 兒孩를 救ᄒ얏소이다.

진실노 스름의 智慧는 측냥치 못흘 일이오이다.

◎ 제십사 공과, 여호란 즘승과 괴의 니야기라

한 괴가 잇서 산중에서 여호를 맛나 문안한대 여로는 답례도 아니하고 다만 귀를 옷쪽히 세우고 쇠리를 흔들며 괴다려 무러 왈 너는 무삼 재조가 잇나뇨. 괴 대답하여 갈아대 아모 재조 잇는지 모로나니다 하니, 여호가 웃고 갈아대 어어 불상하다. 재조를 모로는 놈아. 네가 만일 상양개를 맛나면 엇지 하랴나뇨 하고 욕하더니, 문득 그 쌔에 산양개가 오는지라. 괴는 맛참 나모 우헤 안젓시나 여호는 나모에 올으지 못하고 황망히 사면으로 페하야 다라나다가 맛참내 개의게 잡혓나니라.

여러분도 자긔 일을 먼저 힘쓰고 남을 웃지 마시오.

〈참고〉『신정심상소학』권2 제19과 여호와 괴의 이이기라

흔 괴가 山中에서 여호를 맛나 問安흔대

여호는 答禮도 아니흐고 다만 귀를 옷둑이 세우고 쇠리를 흔들며 괴더러 무러 曰 너는 무삼 技藝 잇느뇨. 괴 對答흐야 갈오대 나는 아모 技藝도 몰으옵나이다 흐니

여호ㅣ 웃고 갈오대 어어 不祥흐다. 技藝 몰으는 놈아. 네 萬一 산양기가 올진대 엇지 흐랴느뇨 흐고 辱흐더니 그 쌔 뭇춤 獵狗가 오는지라 괴는

急히 나무 우희 올느 안졋소나 여호는 나무에 올으지 못ᄒ고 慌忙이 四面으로 避ᄒ야 다라나다가 못ᄎᆷ늬 개의게 줍혓ᄂᆞ이다.

여러분도 自己 일만 힘쓰고 남을 웃지 마시오.

◎ 제십오 공과, 가마귀가 조개를 먹은 니야기라

　허다한 가마귀가 한 바다가헤 모히여 조개를 바회 우헤 두고 입부리로써 쏘아 쏘개랴 하되 조개는 단단하야 용이케 쏘갤 수 업는지라. 여러 가마귀가 다 속수무책이더니 그 중에 한 가마귀가 고개를 숙이고 무삼 계교를 생각하는 듯하더니 조개를 움키여 공중에 놉히 올나서 조개를 그 바회 아래에 써러치니 조개가 쌔여지는지라. 이에 그 속에 잇는 고기를 쏘아 먹엇나니라.

　세상 사람이 일을 시작하다가 할 수 업다 하고 그만 두면 반다시 맛잇는 고기를 먹지 못할 쯧하니라.

　〈참고〉『신정심상소학』권2 제25과 가마귀가 조개를 먹는 이이기라

　許多ᄒ 가마귀가 ᄒ 바다가에 모이여 조개를 바위 우헤 두고 입부리로써 쏘와 쏘개랴 ᄒ니 조개가 단단ᄒ야 容易히 쏘길 수 업는지라. 여러 가마귀가 다 束手無策ᄒ더니 其中에 ᄒ 가마귀 고기를 숙이고 무슴 計較를 生覺ᄒ는 듯ᄒ더니 뭇츰니 ᄒ 용ᄒᆫ 手段을 니야습나이다. (삽화)

　이 가마귀가 조개를 물고 空中에 놉히 날아 올나서 조개를 그 아릭 바위에 써릇치니 조개 깃야지는지라 이에 그 속에 잇는 고기를 쏘와 먹엇소이다.

世上 소름이 일을 始作ᄒ다가 조금 어려우면 스스로 말ᄒ되 나는 到底히 일을 홀 수 업다 ᄒ는 소름도 만히 잇스니 이런 가마귀도 쳐음에 조개를 씰 수 업슬 찍에 홀 수 업다 ᄒ고 그만 두엇스면 반다시 맛잇는 고기를 먹지 못ᄒ얏슬가 보오이다.

◎ 제십륙 공과, 무식한 사람이라

녜전에 한 무식한 사람이 잇스니 이 사람이 처음에는 나모군이 되엿다가 독긔 무거옴을 참지 못하야 나모군 사업을 그만두고 목수가 되엿더니, 자귀의 위태함을 무섭게 넉여 그 일을 그만두고 그 더음에는 불무장이가 되엿더니, 여름에 괴롭고 더움으로 그만두고, 그 다음에 농부가 되엿더니 거름이 추하야 그만두고, 그 다음에 쌀고용군이 되엿더니 힘이 든다 하야 그만두고, 나종에 백장이 되엿더니 이거슨 천한 생애라 하고 그만두엇삼나니다.

슯흐다. 이 무식한 사람이여. 이제는 할 일도 업고 직업 옴기기에 세월을 허비하여 일할 사이가 업섯삼나니다. 그러함으로 이 사람이 지금은 대단히 후회하야 갈아대 슯흐다. 나는 젊은 째에 엇지 생애를 전일히 아니하엿는고 하며 한탄하고 슯허하나 지금은 나히 늙어셔 수족도 마음대로 할 수 업서 쏘 후회만 한들 무삼 효험이 잇사리잇가.

여러분은 이 무식한 사람의 고생하는 거살 보고 한 번 정한 직업은 아모리 어려울지라도 참고 참아 중도에 변치 말고 시종을 힘쓰는 거시 올소이다.

〈참고〉『신정심상소학』권2 제25과~제26과 無識ᄒᆞᆫ ᄉᆞ람이라(一)

녜석에 ᄒᆞᆫ 無識ᄒᆞᆫ ᄉᆞᄅᆞᆷ이 잇스니 이 ᄉᆞᄅᆞᆷ이 처음에ᄂᆞᆫ 樵夫ㅣ 되얏다가 도ᄭᅴ의 무거옴을 ᄎᆞᆷ지 못ᄒᆞ야 그만두고 다음에 引鉅匠이가 되얏더니 ᄯᅩ 큰 톱의 무거옴을 ᄎᆞᆷ지 못ᄒᆞ야 그만두고 다음에 木手가 되얏더니 자귀의 危殆ᄒᆞᆷ을 무섭게 너겨 그만두고 다음에 ᄯᅩ 草家匠이가 되얏더니 집우에 올흐기를 겁ᄂᆡ야 그만두고 다음에 冶匠이가 되얏더니 여름의 더옴을 괴로와 그만두고 다음에 農夫가 되얏더니 거름이 츄ᄒᆞ야 그만두고 다음에 ᄲᆞᆯ 舂精을 ᄒᆞ얏더니 힘이 든다 ᄒᆞ야 그만두고 나종에ᄂᆞᆫ 白丁이 되얏더니 이거슨 賤한 生涯라 亦是 그만두엇ᄉᆞᆸᄂᆞ이다. (제25과)

슬푸다. 이 無識ᄒᆞᆫ ᄉᆞᄅᆞᆷ이여. 이제ᄂᆞᆫ ᄒᆞᆯ 일도 업고 ᄯᅩ 移業ᄒᆞ기에 歲月을 虛費ᄒᆞ야 일을 ᄒᆞᆯ ᄉᆞ이가 업서ᄉᆞᄂᆞ이다.

그러ᄒᆞᆷ으로 이 ᄉᆞᄅᆞᆷ이 至今은 大端히 後悔ᄒᆞ야 갈오ᄃᆡ 슬푸다 나ᄂᆞᆫ 절믈ᄯᅢ에 어이 生業을 專一히 아니ᄒᆞ얏ᄂᆞ뇨 ᄒᆞ며 恨歎ᄒᆞ고 슬허ᄒᆞ나 卽今은 年老ᄒᆞ야 手足도 任意로 ᄒᆞᆯ 슈 업서 다만 남의게 어더먹고 世上을 보ᄂᆡ니 그 苦狀은 形容ᄒᆞᆯ 슈 업고 ᄯᅩ 後悔만 ᄒᆞᆫ들 무ᄉᆞᆷ 效驗이 잇ᄉᆞ오리잇가.

자 여러분은 이 無識ᄒᆞᆫ ᄉᆞᄅᆞᆷ의 苦狀ᄒᆞᄂᆞᆫ 거슬 보고 ᄒᆞᆫ 번 定ᄒᆞᆫ 職業은 아모리 어려울지라도 ᄎᆞᆷ고 ᄎᆞᆷ아 中途에 變치 말고 始終을 힘쓰ᄂᆞᆫ 것시 올ᄉᆞ오이다. (제26과)

◎ 제십칠 공과, 거북과 쏭나모의 니야기라

녜전에 한 사람이 거복 하나흘 잡아 솟헤 넛코 불을 째여 삶으되 죽지 안커늘 할 수 업서 도로 바닷물에 너흐랴고 지고 가나가 쏭나모 아래에 수이더니 거복이 하는 말이 천하 나모를 째여도 능히 나를 삶지 못하리라 한 대 쏭나모가 갈아대 오직 내가 잇다 하니, 그 사람이 그 말을 듯고 거북을 지고 제 집으로 도라가서 쏭나모를 버혀 불 째여 삶으니 거복이 곳 죽는지라. 이 일을 보건대 거복과 쏭나모가 말을 조심하지 못하야 둘이 다 죽엇스니 우리도 말을 조심하지 아니하면 서로 해를 당할가 하노라.

〈참고〉 이 우화는 이 시기 다른 독본류에서는 찾을 수 없음.

◎ 제십팔 공과, 조흔 나모와 울지 못하는 오리라

엇더한 사람이 산중에 드러가 본즉, 목수가 나모를 버힐새 일군이 갈아대 엇더한 나모를 버힐잇가. 목수장이 갈아대 곳은 나모를 버히라 하니, 그 사람이 생각하되 저 나모는 잘난 고로 속히 죽는도다. 저녁에 쏘 친구집을 차저간즉 주인이 말하되 손님이 오섯스니 오리를 잡으라 한 대, 하인이 갈아대 엇더한 오리를 잡으리잇가 하니, 주인이 갈아대 울지 못하는 오리를 잡으라 한 대, 그 사람이 생각하되 저 오리는 잘 못난 고로 속히 죽는다 하더라.

우리도 세상에 잇슬 째에 너무 잘난 체하면 남의게 썩거짐을 밧을 거시오, 너무 못난 체하면 남의게 치소를 밧을 거시니 그 사이에 가부를 생각하야 잘 지낼지어다.

〈참고〉이 우화는 이 시기 다른 독본류에서는 찾을 수 없음.

◎ 제십구 공과, 눈 먼 개고리 니야기라

한 개고리가 우물 가온대에 살더니 바다에 사는 자라가 맛참 그 지경에 지나다가 우연히 그 우물 속에 드러갓나니라. 눈 먼 개고리가 우물 돌 우헤 안저 교만하게 뭇되, 네가 어대로 좃차 왓나뇨. 자라가 대답하되 바다로좃차 왓노라. 개고리가 한 번 우물을 두루 도라단니고 무러 왈, 바다도 이갓치 큰냐 한 대, 자라가 대답하되 이것보다 대단히 큰니라 하니, 개고리 쏘 한 번 우물 속에 드러갓다가 나와서 다시 문 왈, 바닷물도 이와 갓치 깁흐냐 하니, 자라가 대답하되 이보다 대단히 깁흐니라. 개고리가 갈아대 그러면 네가 아모커나 바다가 크고 깁흔 거슬 말하라. 자라가 말하되 네가 우물 속에 잇스니 엇지 넓고 깁흔 거슬 알겟나뇨. 바다는 네가 평생 단여도 그 짓살 보지 못할 거시오, 네가 평생을 드러가도 그 밋슬 보지 못하리라. 개고리가 말하기를 너는 거짓말노 네 처소를 자랑한다 하더라.

므릇 학식이 업고 소견이 좁은 사람은 다란 사람의 개명한 재조와 광대한 사업을 드르면 밋지 안코 거짓말한다 하니, 엇지 눈 먼 개고리와 다람이 잇사리오.

〈참고〉 대한국민교육회(1906), 『초등소학』 권6 제5과 無識흔 蛙

一蛙가 井中에서 살더니 一日은 海에 잇는 鼈이 지나다가 偶然히 此井에 入호얏소. 蛙가 井石에 坐호야 驕慢흔 모양으로 鼈에게 問호되, 汝는 어디로셔 來호느냐 호니 鼈이 答호되 我는 海로셔 來호노라. 蛙가 井中을 두루 쮜여다니면셔 言호되 海도 이럿케 大호냐 호얏소.

鼈이 笑호면셔 對答호되 井보다 極大호다 호니 蛙가 又言호되 此보다 深호냐 호거늘 鼈이 答호야 日

汝의 才로는 一生을 入去호야도 底에 達치 못호리라

호니 蛙는 鼈더러 그짓말 흔다고 책망호얏소.

므릇 學識이 업는 者는 人의 廣大흔 事業과 開明흔 才智를 聞호면 그짓말이라 稱호느니 엇지 此蛙와 다르리오.

◎ 제이십 공과, 산이 대답한 소래라

하로는 룡복이란 아해가 조고마한 산에 가서 혼자 단니며 놀더니 그 째는 맛참 중춘이라. 산마다 곳이 란만히 퓌고 새는 관관히 울어 참 경개 됴커늘 룡복이가 곳이 산봉에 가득하고 일만 물건3)이 화창 함울 보고 노래를 불넛더니 건너편에서도 저와 똑갓치 노래를 부라 는지라. 룡복이 생각하되 누가 저를 흉내 내이는가 하야 누구냐 한즉, 쏘 누구내 대답이 도라왓는지라. 룡복이 노하야 욕을 하엿더니 쏘 욕을 하거늘 룡복이 누가 저를 쌀보고 그리하는 줄 알고, 대단히 분 하야 그 흉내 내던 사람을 다람질하여 단니며 차젓스나 맛참내 그 형적을 보지 못하엿더라. 룡복이 즉시 집에 도라와 그 어머니씌 고하 여 갈아대 산속에 누가 쏙 제 목소래와 갓치 흉내 내고 쏘 나다려 욕하더이다 한 대, 그 모친이 대답하되 그런 거시 아니라 그는 산이 응하는 소래라. 사람의 소래가 산에 마조치면 제가 하는 소래와 갓이 나나니라. 네게 욕하는 말이 들닌 거슨 본래 네가 욕한 연고ㅣ라. 만 일 네가 조흔 말을 하엿시면 엇지 조흔 말이 도라오지 아니하엿스리 오. 룡복아. 이 일쑨 아니라 사람이 남을 대하여 하는 말도 이 산이

---

3) 일만 물건: 모든 물건, 화란춘성 만화방창(花爛春城 萬化方暢).

응하는 것과 갓하여 네가 남의게 조흔 말을 하면 남도 네게 조흔 말
노 갑나니라 하고 가라첫나니라.

〈참고〉『신정심상소학』권2 제29~제30과 山應聲이라(一)

一日은 龍福이란 兒孩가 조고마흔 山에 가서 혼ᄌᆞ 다니며 놀더니 그 ᄯᆡ
는 못춤 仲春이라 山마다 곳이 盛히 피고 ᄉᆡᆫ 관관이 울어 춤 경치 죠커널
龍福이 花爛春城ᄒᆞ고 萬化方暢이라 노ᄅᆡ를 불넛더니 건넌 편 쟉에서도 저
와 쪽갓치 노ᄅᆡ를 부르는지라 龍福이 싱각ᄒᆞ되 뉘가 저를 숭ᄂᆡᄂᆡ이는가
ᄒᆞ야 누귀냐 흔즉 ᄯᅩ 누귀냐 ᄒᆞᄂᆞᆫ지라 龍福이 ᄌᆞ못 怒ᄒᆞ야 辱을 ᄒᆞ얏더니
ᄯᅩ 그 辱소ᄅᆡ 갓치 소ᄅᆡ 나거늘

龍福이 그 蔑視ᄒᆞᄂᆞᆫ 줄 알고 大端히 忿ᄒᆞ야 그 숭ᄂᆡᄂᆡ던 ᄉᆞ룸을 달음질
ᄒᆞ야 다니며 ᄎᆞ지나 마참ᄂᆡ 그 형적을 보지 못ᄒᆞ얏소. (제29과)

龍福이 卽時 還家ᄒᆞ야 그 어머니의게 告ᄒᆞ야 갈오듸 산속에 숨어서 남의
ᄒᆞᄂᆞᆫ 말을 숭ᄂᆡᄂᆡ는 ᄉᆞ룸이 잇서 날다려 辱ᄒᆞ엿습ᄂᆡ이다.

어미 그 말을 듯고 對答ᄒᆞ되 아니라 그는 山應聲이란 거시니라. 自家의
소ᄅᆡ가 山에 마조치면 제가 ᄒᆞ던 소ᄅᆡ와 갓치 소ᄅᆡ가 나ᄂᆞᆫ니라. 네게 辱ᄒᆞ
ᄂᆞᆫ 말이 들닌 거슨 本來 네가 辱ᄒᆞᆫ 緣故ㅣ라. 萬若 네가 됴흔 말을 ᄒᆞ얏스면
엇지 됴흔 말노 도라오지 아니리오.

자 龍福아 이 일ᄲᆞᆫ 아니라 ᄉᆞ룸이 남을 對ᄒᆞ야 ᄒᆞᄂᆞᆫ 일도 이 山應聲과
갓ᄒᆞ여 네가 남의게 됴흔 일을 ᄒᆞ면 남도 亦是 네의게 됴흔 일노 갑ᄂᆞ니라
ᄒᆞ고 가르첫소이다. (제30과)

◎ 제이십일 공과, 사슴이 믈을 거울 삼음이라

사슴 한 마리가 믈을 마시려 하여, 시내에 나려왓더니 우연히 제 몸이 믈에 빗최는 거슬 보고 머리브터 다리까지 익히 보아, 두어 분 동안을 물속에 섯다가 혼자말노 하대 아아 내 쓸은 엇지 이리 죠흔고. 엇지하야 이러한 큰 쓸이 내 머리에 낫는고. 만일 내 몸이 다란대도 다 이와 갓치 컷스면 진실노 내가 가장 조흔 즘승이 될 거시오. 그러나 내 다리가 이러케 나는 거슨 참 슲흐고 붓그러온 일이라. 엇지하면 이 다리도 쓸과 갓치 크고 아람다올고 하더니, 그 째 맛참 산양 포수가 그 근처에 오는 소래가 잇는지라. 크게 놀나 다라나랴고 하더니, 오히려 사슴의 다리가 가배야와 잘 다라나다가 홀연이 그 쓸이 나모가지에 걸니여 걱구러저 움작이지 못하니, 가련하다 사슴이여. 이 쓸노 인연하여 산양 포수의게 잡힌 바ㅣ 되엿나니라. 사슴은 그제야 스사로 자랑하던 쓸은 도로혀 그 몸에 원수가 되고, 붓그럽다 허던 다리는 그 몸을 헤치지 아니하는 줄 알너라.

〈참고〉『신정심상소학』권2 第三十一課 사슴이 물을 거울 숨음이라
사슴 ᄒᆞ마리가 물을 먹으랴 ᄒᆞ야 시ᄂᆡ에 ᄂᆞ려 왓더니 偶然히 제 몸이 물에 빗친 것슬 보고 머리붓터 다리ᄭᆞ지 熟視ᄒᆞ야 數分 時間을 물속에 섯

다가 혼조 말호되

아아 늬 쌀은 어이 이리 됴혼고 엇지호야 이런 큰 쌀이 늬 머리에 낫느
뇨. 萬一 늬몸의 달은 데도 다 이 쌀과 궂치 커쓰면 眞實노 늬가 가쟝 조흔
짐싱이 될 거시요,

그러나 이 다리가 이러케 가는 거슨 춤 슬푸고 붓그러온 일이라 엇지호
면 이 다리도 쌀과 궂치 크고 아름다올고 호더니 그 써 맛춤 산양군이 近處
에 오는 소릭 나는지라 크귀 놀나 다라낫소이다.

그러나 사름이 다리가 갑뷔야 잘 다라나다가 忽然 그 쌀이 가시덤불
에 걸니여 것구러저 움작이지 못호니 可憐호다 저 사름이여. 이 쌀노 因緣
호야 뭇참늬 산양군의게 잡힌 빅 되얏소이다.

사름은 그제야 비로소 自矜호던 쌀은 그 몸에 원슈가 되고 붓그럽다 호
던 다리는 도로혀 그 몸을 롬치 아니호는 줄을 알앗소이다.

◎ 제이십이 공과, 왕상의 효심이라

　　왕상의 모친이 일즉이 죽으매 계모를 모시고 지나더니, 그 계모가 왕상을 학대하야 모든 괴로온 일노 왕상을 부리되 왕상이 일심으로 다 순종하더라. 하로는 그 모친이 리어를 먹고저 하니 이 쌔는 계을인 고로 잡을 쌔 아니라. 왕상이 강가에 가서 옷슬 벗고 어름을 깻치니 홀연이 리어 두 머리가 쮜여 나오거늘 갓다가 그 모친을 봉양하엿나니라. 또 그 모친이 병드러실 쌔에 누른 새고기를 먹고저 하되 잡을 수가 업서 근심하더니 의외 새 한 쎄가 장막 가온대로 오거늘 잡아 구어서 그 모친을 봉양하고 또 집에 조흔 벗나모가 잇서 열매가 익을 쌔에 바람이 불어 열매가 써러지는지라. 그 모친이 왕상을 명하야 벗나모를 직히라 하니, 왕상이 나모를 안고 울며 갈아대 바람은 불지 마옵소서. 우리 모친의 조화하시는 실과가 써러진다 하니 그시로 바람이 긋처다 하엿나니라.

　　〈참고〉 이 시기 다른 독본류에는 나타나지 않으나 『삼강행실도』, 『오륜행실도』 등에서 번번이 나타나는 이야기임.

◎ 제이십삼 공과 백이와 숙제의 충심이라

백이숙제는 형제간이니 고죽군의 아달들이오 은나라 주닐군[4]의 신하라. 주나라 무왕이 은나라 주님군을 칠 째에 백이와 숙제가 무왕의 탄 말을 두다리며 갈아대 신하로 그 님군을 치는 것이 가치 안타 하니, 무왕의 좌우에 호위하는 사람들이 그 두 형제를 죽이고저 한대, 무왕의 신하 강태공이 갈아대 의로온 사람이니 죽이는 것이 올치 아닌즉 물니침이 가하다 하니라. 밋 은나라히 망하매 백이와 숙제가 두 님군을 섬기지 안코 쏘 주나라 곡식을 먹는 거시 참 붓그럽다 하야 수양산의 드러가서 고사리를 캐여먹고 주려죽으니라. 지금 대한국 황해도 싸에 수양산이 잇는 고로 그 산 일홈을 모본하야 그 쌍에 백이와 숙제의 사당집과 비석을 세웟나니라.

〈참고〉 이 시기 다른 독본류에서는 찾을 수 없음.

---

4) 닐군: 님금.

◎ 제이십사 공과, 생각할 일이라

녜전에 난희라 하는 처녀가 그 동생 문지신[5]의게 무른 말이 이러하다 하니라. 한 농부가 여호를 잡아 닭과 밋 곡식을 갓치 가지고 장터에 가서 팔냐 할새 가는 길에 한 시내가 잇서 다만 외나무다리쑨이라. 제 물건을 함씌 가지고 건널 수 업거늘 그 농부가 하나식 옴기랴 하되 몬저 곡식을 옴긴즉 뒤에 여호가 닭을 먹을 것이오, 쏘 여호를 몬저 옴긴즉 뒤에 닭이 곡식을 먹을 넘녀가 잇스며 쏘 몬저 닭을 옴기고, 다음에 여호를 옴길넌지, 곡식을 옴길넌지 아모리 생각하여도 다란 것 하나가 질녀갈새 이에 여호가 닭을 먹을가, 닭이 곡식을 먹을가 넘녀 잇스니 이쌔을 당하야 이 농부는 엇더케 하면 이 세 가지를 조곰도 상치 아니하고 다 옴길가 생각하여 보아라 하니, 지신이 이윽히 잇다가 그 방법을 생각하여 내엿다 하니라.

우리들도 쏘한 지신과 갓치 그 방법을 생각할지어다.

〈참고〉『신정심상소학』권2 第三十二課 生覺홀 일이라

某日에 蘭嬉라 ᄒᆞᄂᆞ 處女ㅣ 그 同生 文智信의게 左揭ᄒᆞᆫ 生覺홀 일을 물엇소

---

5) 문지신(文智信): 사람 이름.

흔 農夫가 여호를 잡아 둙과 밋 穀食과 굿치 가지고 場에 가 팔냐홀식 가는 길에 흔 뇌가 잇서 다만 외나무다리쑨이라 세 物件을 흠게 가지고 것널 수는 업거늘

그 農夫ㅣ 흔아 式 옴기랴 ᄒᆞ나 먼저 穀食을 옴긴즉 뒤에 여호가 둙을 먹을 터이오 또 여호를 먼저 옴긴즉 뒤에 둙이 穀食을 먹을 念慮가 잇스며 또 둙을 먼저 옴기고 다음에 여호를 옴길는지 穀食을 옴길는지 아모리 生覺ᄒᆞ야도 달은 것 흔아를 가질나 갈 스이에 여호가 둙을 먹을가 둙이 穀食을 먹을가 念慮ㅣ 잇스니 此時를 當ᄒᆞ야 이 農夫는 엇더케 ᄒᆞ면 이 三件을 조금도 傷치 아니ᄒᆞ고 다 옴길 터인가 生覺ᄒᆞ야 보아라 ᄒᆞ니

智信이 이윽키 잇다가 그 方法을 生覺ᄒᆞ야 뇌얏다 ᄒᆞ옵ᄂᆞ이다.

우리들도 또흔 智信과 굿치 그 方法을 生覺ᄒᆞ옵시다.

〈참고〉 대한국민교육회(1906), 『초등소학』 권7 제15과 蘭姬의 話

昔時에 蘭姬라 ᄒᆞ는 女子가 其 同生 文智信에게 左開흔 事를 如何히 흘가 問ᄒᆞ야 其 知慧를 試ᄒᆞ얏소.

(방법에 대해서는 서술하지 않음)

◎ 제이십오 공과, 사시라

    일년에 사시가 잇고 쏘 열두 달이 잇스니 사시는 봄과 가을과 여름과 계을이오, 열두달은 一월 二월 三월 四월 五월 六월 七월 八월 九월 十월 十一월 十二월이니 한 째에 각각 석달식 잇나니라. 一월 二월 三월은 봄이 되고 四월 五월 六월은 여름이 되고, 七월 八월 九월은 가을이 되고, 十월 十一월 十二월은 계을이 되나니, 봄 석달은 일기가 온화하야 만물이 비로소 나고, 여름 석 달 일긔는 더웁고 째째로 큰 비가 오며 만물이 번성하고, 가을 석달 일긔는 서늘하니 만물이 성숙하고, 계을 석달 일긔는 심히 치우니 만물이 거두고 감초이며 째째로 큰 눈이 오고 바람이 니러나나니라.

〈참고〉『신정심상소학』 권3 제25과 四節이라
    一年을 十二로 分ᄒ니 一月 二月 三月 四月 五月 六月 七月 八月 九月 十月 十一月 十二月이오 다시 此 十二 箇月을 春과 夏와 秋와 冬의 四時로 分ᄒ야 이것슬 四節이라 稱ᄒᄂ이다. (삽화)
    四節의 景色은 다 一樣이 아니라 春은 ᄯᆺᄯᆺᄒ야 옷도 픠고 식도 울며 夏ᄂ 더웁고 草木이 繁茂ᄒ며 秋ᄂ 서늘ᄒ고 穀食이 結實ᄒ며 冬은 치웁고 눈이 오며 물이 成氷ᄒᄂ이다.

◎ 제이십륙 공과,
맹자의 모친이 맹자를 가라친 말이라

부모가 자녀를 나시면 조흔 줄은 아시나 교육하는 법은 알기 어려오니 대강 설명하오리이다. 녜전에 맹자의 모친이 맹자 어려실 째에 저자 가흐로 이사하엿더니 맹자가 희롱할 째에 장사하는 모양으로 놀거늘 그 모친이 갈아대 가히 자식 기를 곳이 아니라 하고, 그 후에 뫼쓰기를 위업하는 사람의 집 리웃으로 이사하엿더니 맹자가 희롱할 째에 신체를 묵고 쌍을 파는 모양으로 놀거늘 그 모친이 갈아대 이곳도 자식 기를 곳이 아니라 하고, 드대여 학교 겻흐로 이사한대 맹자가 희롱할 째에 례를 배호는 모양으로 놀거늘 그제야 그 모친이 말삼하시기를 진실노 자식 기를 곳이라 하고, 그 싸혜서 살더니 맛참내 큰 선배를 일우엇나니라. 또 하로는 맹자가 리웃집에서 되아지 잡는 소래를 듯고 그 모친씌 무러 갈아대 저 되아지를 누구의게 주랴고 잠나잇가 하니, 그 모친이 잠간 희롱에 말노 하기를 너를 주리라 하다가 생각한즉 어린 아해를 속이면 이는 거잣슬 가라침이니 엇지할고 하여, 되야지 고기를 사서 주엇다 하니라.

아모시던지 자식을 가라칠 째에 조흔 리웃을 택하며 또 거잣시 업게 하면 사람마다 군자가 될지니라.

〈참고〉 휘문의숙(1906), 『고등소학독본』 권1 제9과 '孟母의 敎子'와 같은
소재를 다루었으나 내용상 차이가 있음.

◎ 제이십칠 공과, 교군군의 니야기라

동방에 한 부자 늙은이가 잇스니 하로는 개 한 머리를 일혼지라. 제 집에 교군군을 불너 개를 차지라 하니, 그 교군군은 본래 게으 르고 어리석은 사람이라, 대답하되, 우리는 교군 메이는 직분이오온즉 개 찻기는 본분이 아니라 한 대, 주인이 갈아대 너희 말이 당연하니 속히 교군을 메이라, 내가 개를 차지려 가겟다 하고, 교군을 타고 산 우헤와 물가흐로 두루 단이거늘 교군군이 힘이 피곤하야 잠간 쉬이 기를 청원하야 갈아대 만일 주인씌서 개 차지러 또 멀니 가실진댄 우리가 대신으로 가겟사오니 주인은 수로를 마옵소서 한 대, 주인이 웃고 닐러 왈 그러면 너희가 어서 가 개를 차저 오라 하고, 보행으로 그 집에 도라오니라. 교군군이 나모 우래에 잠간 쉬이며 서로 말하되 우리가 편안함을 구하다가 도로혀 큰 수고를 당하엿다 하더라.

〈참고〉 이 시기 다른 독본류에서는 찾을 수 없음.

◎ 제이십팔 공과,
개암이와 비닭이가 은혜 갑흔 니야기라

　한 개암이가 잇서 시내가에서 물을 먹다가 우연히 물에 싸지거늘 물에 써서 언덕에 니라고저 하되 능히 할 수 업서 방장 위태할 째에 한 비닭이가 나모 우혜 안저 그 형상을 보고 불상한 마암을 이긔지 못하야 나모 한 가지를 썩거서 개암이 겻혜 던지니 개암이가 그 나모 우혜 붓처서 물결을 싸러 써가다가 언덕에 니라매 무사히 륙지에 올나갓나니라. 조곰 잇다가 한 사람이 그 물을 가지고 가마귀를 잡으러 오다가 비닭이를 보고 크게 깃버하야 그 물을 가만히 에워싸고 비닭이를 잡으랴 할 즈음에 개암이가 생각하되 저 비닭이는 나를 살녓스니 내가 엇지 저 비닭이 죽는 거슬 보리오 하고, 한 쇠를 생각하야 산양군의 발꿈치 물어 쯧으니, 그 사람이 깜짝 놀내여 쮜거늘 비닭이가 그 쮜난 소래를 듯고 놀내여 나라갓다 하더라.

　이 일을 보건대 내가 착한 일을 행하면 남도 착한 일노 갑흘 줄을 아노라.

〈참고〉 대한국민교육회(1906), 『초등소학』 권6 제18과 蟻와 鳩
한 개암이가 川邊에셔 水를 飮ᄒ다가 偶然히 水中에 落ᄒ지라 岸上에 到

ᄒ려 ᄒ나 能치 못ᄒ더니

時에 맛참 一鳩가 水邊에 在ᄒ얏다가 此를 見ᄒ고 憐憫히 넉여 一枝를 口로 折ᄒ야 蟻前에 投ᄒ니 蟻가 此에 付ᄒ야 水波를 逐ᄒ야 無事히 陸上에 登ᄒ얏소.

未幾에 一獵夫가 手中에 銃을 持ᄒ야 鳥를 捕코져 ᄒ다가 鳩를 見ᄒ고 大喜ᄒ야 銃으로 鳩를 射코져 ᄒ니 是時에 蟻는 此를 盡見ᄒ얏소.

蟻가 스사로 생각ᄒ되 져 비닭이는 나를 살녓거늘 내가 엇지 비닭이의 죽는 것을 보고 구원치 아니ᄒ리오 ᄒ고 一計를 생각ᄒ얏ᄂ이다.

於是에 蟻가 獵夫의 足趾를 一咬ᄒ니 獵夫가 大驚ᄒ야 足을 移ᄒᆞᆯ 際에 鳩도 亦驚ᄒ야 드듸여 飛去ᄒ얏다 ᄒ오.

此를 見ᄒ건ᄃᆡ 微物도 恩惠를 報ᄒᄂ니 人이 되야 恩惠를 報치 아니ᄒ면 져 蟻만 못ᄒ오.

◎ 제이십구 공과, 라귀 니야기라＝

　한 라귀가 사자의 껍질을 엇어 쓰고 즘승을 맛나면 항상 공갈하더
니 한 여호가 그 공갈함을 두려워 아니한대 라귀가 크게 소래하여
쑤지저 갈아대 너은 엇지 홀노 나를 두려워 하지 안하며, 쏘 사자의
입도 무섭지 안하뇨 하니, 여호가 대답하되 슯흐다. 너ㅣ가 만일 입을
열지 안하며 내가 만일 네 소래를 듯지 아니하엿사면 내가 반다시
너를 무서워할 번하엿스나 내가 네 소래를 드라니 라귀의 소래오,
내가 네 입을 보니 사자의 입이 안니라. 무어슬 무서올고 하더라.
　이런 고로 지혜 잇는 자는 외양으로 사람을 의론치 안나니 무랏
거잣 착한 테 하는 사람6)은 맛참내 그 진정이 탄로되나니라.

　〈참고〉 대한국민교육회(1906), 『초등소학』 권4 나귀와 여호
　昔時에 한 나귀가 獅子의 가죽을 쓰고 다른 김생을 속히더니 한 여호를
보고, 크게 소래질너 쑤짓되, "이 조곰아흔 놈아. 감히 我前에 섯는다. 我를
見흐라. 我의 口로 汝를 물니라."
　여호가 이 말을 듯고 우시면셔,

---

　6) 무랏 거잣 착한 톄흐는 사람: 무릇 거짓으로 착한 체하는 사람.

"참 어리석다. 나귀아. 汝가 口를 담으러셔 소래를 내지 아니ᄒᆞ얏던들 我가 무셔워 ᄒᆞ얏지마ᄂᆞ 지금 汝의 소래를 들으니, 아모리 模樣이 獅子갓고 口가 獅子갓흐나 分明흔 나귀니 무엇이 무서우랴." 하얏소.

大抵 실상 업시 남을 속히ᄂᆞᆫ 者ᄂᆞᆫ 나종에 반닷히 탄로되ᄂᆞ니 이 나귀와 무엇이 달을이오.

〈참고〉『소년』제2권 제10호(1909.11) 이솝의 이약 (2)·(3), 羊의 가죽을 쓴 승냥이

쇠 만흔 승냥이 한 놈이 羊의 가죽을 쓰고 羊쎼 속에 들어가 羊을 모졸히 먹더니 畢竟 牧者에게 들켜 목을 매여 겻혜 잇난 나무에 매인 바 되얏소. 그 쌔 맛참 다른 牧者들이 와서 이 모양을 보고 놀나서 그 牧者다려 말하기를 "여보게 이것은 妄佞인가 羊은 왜 붓드러 달낫나." 하니 "아닐세 요놈이 羊이 아닐세. 其實 羊의 가죽을 쓴 승냥이일세." 하고 그 탈을 벗긴대 모든 사람이 다 고소하다 하얏소.

(배홀일) 속힘으로 엇은 信用은 오래가지 못한다.

(가르침) 남도 나와 갓히 똑똑하니 내가 암만 속히려 들어도 속히려 하난 만콤 속지를 아니하난 것이라 속히난 나의 생각에는 요리요리 하고 조리조리하면 제 아모리 무엇하야도 속을 뜻 하나 實狀 크게 그러치 아니하야 속힘 말이 넙밧게 나기 前에 얼골에 먼저 낫타남으로 남이 발서 ᄉᆡ닷난 법이오. 設或 한 쌔 속난 수가 잇슬지라도 은제ᄭᅡ지던지 長 속난 일은 업소. 僞善으로써 自己의 허믈을 숨기려 함은 罪上에 添罪오 쏘 그 거짓을 드러내임은 아모라도 고소하게 넉이난 것이오.

◎ 제삼십 공과, 지룡이와 귀쓰람이 니야기라

지룡이는 처음에 눈이 잇고 귀쓰람이는 됴흔 씌가 잇더니, 하로는 귀쓰람이가 지룡의 집에 가서 지룡이다려 하는 말이 너는 씌가 업시 어대를 단이나뇨. 나는 씌를 씌고 여러 좌중에 간즉 자연이 모다 나를 추양한다 하며, 무한이 자랑하니, 지룡이 그 외모에 빗남을 보고, 자긔 눈으로 그 씌를 밧구자 한 대, 귀쓰람이가 마지 못하는 톄하고, 밧구워 주엇더니, 지룡이가 비록 조한 씌가 잇스나 제가 보지 못하니 무엇이 유익함이 잇스리오.

귀쓰람이는 눈을 엇든 후에 세상 광명한 빗찰 보고 무한이 깃버하되 지룡이는 항상 음부에서 슯히 울더라. 대개 사람이 육신의 광명만 구하면 제일 조흔 보배를 일나니 여러분은 저 지룡이를 생각하시오.

〈참고〉 이 시기 다른 독본류에서는 찾을 수 없음.

◎ 제삼십일 공과, 일년에 달과 날이라

새해를 당하면 사람마다 직업을 쉬이고 음식을 만히 작만하야 먹으며 의복을 새로 제조하여 닙고 집집마다 연락하야 서로 치하하나니, 그 치하하는 법은 무엇을 치하하나뇨. 잘 먹고 잘 닙으며 나히 만함을 치하하는 것이 아니라, 대개 사람이 어려슬 째에는 비유컨대 씨를 쌍에 샏림과 갓하야 처음에 싹이 나매 정긔는 온전하나 힘이 연약하다가 점점 자라나매 지엽이 장성하야 열매를 맷는 것과 갓치, 사람도 차차 나히 만하면 긔골이 장대하고 지혜가 발달하여 능히 소원대로 공부를 졸업하고 오는 해에 사무를 작정하며, 지나간 해에 그릇함을 째닷고, 오는 해에 올흠을 좃는지라. 사람이 나히 만하면 지혜도 만한 고로, 무론 누구던지 새해에 조흔 공부를 작정하여 점점 진보됨을 치하하나니 만일 새로온 마음이 업시 헛된 나히 만하며 앗가온 영광을 보내면 비유컨대 속 뷘 고목나무와 갓하니, 무삼 치하할 것이 잇스리오. 혹 어린 아해들은 놀기를 위하야 새해 도라오기를 기다리나니 남아해들은 연도 날리고 늣도 놀며 녀아해들은 널도 쒸나니라.

대개 금년 일월브터 래년 일월까지 날수가 몃친지 아나뇨. 일년에 날수는 설흔 한 날이 되는 째도 잇고 또 설흔 날이 되는 째도 잇스니 다만 二월만 스무여드래가 되나니라. 그러나 그 거슨 의례히 그러한 날수거니와 四년마다 한 번식 윤해가 올 터이니 윤해에는 날수가 三百六十六일이 되나니 이거슨 원 날수가 스무아흐래가 됨이라. 또한 낫과 밤이 스물 네시가 잇스니 밤과 낫시 각각 열두시 되나니라. 그러나 여름에는 낫시 길고 밤은 짜르며 겨울에는 낫시 짜르고 밤이 길며, 다만 봄과 가을에는 낫과 밤이 평균하니라.

사람의 평생을 사절에 비유컨대 어려실 째에는 봄이오, 장성한 째에는 여름이오, 조곰 쇠는 째에는 가을이오, 늙은 째에는 겨울이니라. 그런 고로 사람이 봄과 여름에 공부를 잘하야 재조를 만히 익히고 학문을 널니 배화서 후일 가을과 겨울을 당하야 남의게 붓그러움을 면할 거시니, 만일 농사하는 사람의게 비유컨대 봄에 밧슬 갈고, 씨를 쑤린 후에 싹이 차차 자라나서 여름이 당하면 거름을 만히 하고, 잘 매고 잘 각구워야 가을되면 결실을 풍성히 하여, 혹 오십배 혹 백배까지 추수하여 겨을이 되면 곡간에 드려 쌋코 배부르게 잘 먹나니, 만일 게으른 사람은 봄이 오면 밧도 갈지 안코, 씨도 쑤리지 안하며, 여름이 되면 서늘한 그늘만 차저 단니며, 술 먹기와 낫잠 자기로 위업하니, 밧슨 풀이 동산 갓고, 집은 풍우를 가리우지 못하는지라. 가을이 당하매 곡식 한되 추수할 것도 업고 겨을이 당하면 긔한을 견대지 못하여 남의게 가서 량식을 취하랴 한들, 누가 놀기만 하는 사람을 구제하리오. 필경은 주려 죽으니라.

므릇 사람이 젊엇슬 째에 허송세월하다가 늙은 후에야 자탄한들 무삼 유죠함이 잇스리오. 이런 고로 녜전에 하우씨란 님군은 마데[7] 만한 그늘을 앗기셧스니 우리도 년광을 앗기어 새해에는 조흔 사무를 작정하기를 바라노라.

---

7) 마데: 마디. 한 마디.

〈참고〉『신정심상소학』권3 제25과~26과~27과를 합침.

第二十五課 四節이라

一年을 十二로 分ᄒ니 一月 二月 三月 四月 五月 六月 七月 八月 九月 十月 十一月 十二月이오 다시 此 十二 箇月을 春과 夏와 秋와 冬의 四時로 分ᄒ야 이것슬 四節이라 稱ᄒᄂ이다. (삽화)

四節의 景色은 다 一樣이 아니라 春은 ᄯᄯᄒ야 곳도 피고 싀도 울며 夏ᄂ 더웁고 草木이 繁茂ᄒ며 秋ᄂ 서늘ᄒ고 穀食이 結實ᄒ며 冬은 치웁고 눈이 오며 물이 成氷ᄒᄂ이다. (제25과)

第二十六課 二年의 月日이라

新年에ᄂ 人人이 다 業을 쉬고 新元을 致賀ᄒ고 讌樂(연락)ᄒ며 男子ᄂ 鳶도 날니며 女子ᄂ 널도 ᄶᅱᄂ니 그런 故로 兒孩들은 놀기를 조와ᄒ야 다 一月이 오기를 苦待ᄒ다 ᄒᄂ니다.

汝等은 一月부터 翌年 一月가지 幾何日數가 잇슬가 아ᄂ뇨. 一年의 日數ᄂ 三百六十五日이오 또 一箇月의 日數ᄂ 三十一日이 되ᄂ 씨도 잇고 三十日이 되ᄂ 씨도 잇스나 다만 二月만 二十八日이라. 그러나 그 거슨 例事로 온 히의 日數거니와 四年마다 一番式 閏年이 올 터이니 閏年에ᄂ 一年의 日數ㅣ 三百六十六日이니 二月의 日數가 二十九日이 되ᄂ니라.

左에 各月의 日數를 가지고 지은 歌曲을 記ᄒᄂ니 汝等은 此를 暗記ᄒ라.

四六九十一의 넉달은 三十一日이오

其餘月은 一體로

三十日이 되ᄂ니라.

그러나 二月의 日數ᄂ

例事로 二十八日이나

閏年에ᄂ 一日을

더ᄒ야 二十九日이라.

第二十七課 人의 一生이라

사름의 一生을 四節에 譬컨디 幼稚ᄒᆞᆫ 찍는 봄이오 長成ᄒᆞᆫ 찍는 여름이라. 조곰 衰ᄒᆞᆫ 찍는 가을이오 老ᄒᆞᆫ 찍는 겨울이라.

此故로 봄과 여름 ᄉᆞ이에 工夫ᄒᆞ야 才操의 種子를 播植지 아니ᄒᆞ얏다가 가을과 겨을이 되야 才操가 不足ᄒᆞ면 즐겁게 世上을 지닐 수 업ᄂᆞ이다.

一日의 計는 晨에 在ᄒᆞ고

一年의 計는 春에 在ᄒᆞ고

一生의 計는 幼時에 在ᄒᆞ오.

◎ 제삼십이 공과, 양생이라

대개 사람이 세상에 나매 생명의 수요와 긔질의 강약이 유생지초에 하나님이 정하신 바ㅣ 아니라. 양생[8]을 잘하고 못하는 대 잇스니 양생하는 법은 음식을 맛게 먹으며 거처를 정결하게 하며 운동을 정당케 하여야 일생에 병이 업고 신체 강건하나니라. <u>양생의 제일 해됨은 세상에 헛된 영화와 쓸대업는 정욕을 탐하여 제 쯧슬 수고롭게 하며 마음을 불타는 것 갓치</u> 하야 밤이면 잠을 일우지 못한즉 혈긔가 점점 쇠하고 긔골이 차차 파리하야 드대여 고질병을 엇어 약도 효험도 업시 필경 죽는 자도 잇나니라. 또 망녕된 욕심으로 분수밧긔 일을 당하다가 혹 죄에 싸저 평생을 징역하며, 혹 형벌을 당하야 병신도 되며, 혹 병장기에 죽는 자도 잇스니 이거슨 다 양생을 잘하지 못한 연고ㅣ니라. 그런 고로 양생을 잘하는 사람은 마음을 맑히고 욕심을 거절하며 또 집을 정결한 곳에 짓고 공긔를 잘 통하게 하야 아참에 일즉 이러나 공긔를 마시고 운동하다가 음식을 먹되 만일 음식 맛시 싸고 맵고 썩고 상한 거시 다 사람의 장위를 해롭게 하나니, 이갓혼 음식은 일절 금할 거시오, 잠잘 째에도 여러 사람이 한 침상에서 좁

---

8) 양생(養生): 병에 걸리지 않고 오래 살도록 몸 관리를 잘함.

게 자면 사람의 몸에 추악한 내암새가 서로 통하고 쏘 공긔가 부족하여 몸의 병이 되나니라. 므릇 양생을 잘하면 약한 사람이라도 강하여지고 병 잇는 사람도 무병하나니 그런 고로 동양에 여동래9)란 사람은 긔질을 변화하여 강한 사람이 되며, 서양에 마틴 루터10)이란 사람은 처음에 몸이 연약하더니 나종에 강건한 사람이 되엿스니, 이로 보면 사람의 수요와 긔질의 강약이 근본 정한 분수가 업고 다만 양생하는 대 잇는지라.

대개 사람의 육체도 잘 기르면 일생이 무병하며 오래 살거든 <u>마음을 잘 기르면 엇지 영생하지 아니하리오</u>, 마음을 기르는 법은 세상 모든 헛된 번화함과 육체의 모든 정욕을 거절하며 악한 자의 길에 서지 말며, 모만한 자의 자리에 안지 말고, 눈에는 간사한 빗츨 보지 말며, 귀에는 더러온 소래를 듯지 말 거시니, 항상 공평한 쯧으로 바른 일만 행하고, <u>하나님을 밋어 숭봉하고, 그 률법을 밤낫으로 잠잠이 생각한즉</u> 자연 그 마음이 청명하야 틔끌 업는 보내 거울 갓고, 바람 업는 가을 물결 갓하여 물건의 정하고 추한 거슬 빗최이는 것 갓치 사람의 선하고 악한 거슬 보나니 일점도 마음에 병이 업스면 영생지복을 누리나니라.

슯흐다. 세상 사람들은 다 죽기를 실혀하고 오래 살기를 조화하나 양생법은 행치 안하야 육체와 마음이 병드러 죽을 지경에 당하엿스되 쌔닷지 못하니 가히 불상하도다.

〈참고〉『신정심상소학』 권3 第三十課 養生이라

사름은 身體가 康健ᄒ니마치 多幸ᄒ 일이 업ᄂ이다. 몸이 康健ᄒ 스름은 一生을 즐기게 지ᄂ려니와 多病ᄒ 스름은 恒常 ᄒ 房中에 閉蟄ᄒ야 生業도 못ᄒ고 一世를 不幸히 歲月을 지ᄂᄂ이다.

---

9) 여동래: 1175년경 주자와 함께 『근사록』을 지은 사람. 주희의 친구.
10) 마틴 루터: 종교 개혁가.

사름이 初生時에 大概 다 無病ᄒ나 養生法을 行치 아니홈으로써 여러 病이 나는 것시라. 그러나 幼少홀 째에 能히 養生法을 行ᄒ야 몸을 康健케 ᄒ야 長成ᄒ 後에 넉넉히 제 職業을 堪當홈이 第一大關事이오이다.

養生法이란 것슨 身體의 運動을 適當케 ᄒ고 飮食ᄒ기를 適中ᄒ게 하며 居處와 衣服을 淸潔히 ᄒᄂᆞᆫ 것시오이다.

◎ 제삼십삼 공과,
사람의 마음을 회개식힌 저울이라

한 욕심 만흔 아희가 잇서 항상 조흔 물건을 맛나면 저 혼자 가지 고저 하고, 맛잇는 음식을 보면 저만 혼자 먹고저 하더니 하로밤에는 꿈을 엇으니, 한 벗과 갓치 큰 내가 호로단닐새 한 사람이 통둘에 수박 하나식 담아서 량편 엇개에 통 한 짝식 메이고 오다가, 이 두 아희들다려 말하되, 이 수박을 너희게 주리라 하거늘, 욕심 만흔 아 희가 곳 두 손을 버리며 갈아대, 내게만 다 주옵소서 하니, 그 사람이 한 번 웃고 갈아대, 올타 그러나 그대로는 주지 아니하겟스니 위선 이 통 속에 드러가 보라 하고, 두 아희들을 잡아 두 편 통 속에 하나식 너흔지라.

그 두 아희가 통 속에 드러가 본즉, 그 통은 본래 통이 아니라 곳 큰 저울 밧탕이라. 그 사람이 그 저울 밧탕을 시내 물가헤 물 깁흔 곳에 반즘 기우리고 욕심 만흔 아희를 물 깁흔 편 저울 밧탕에 두고, 닐너 갈아대 저 량편에 잇는 수박을 다 밧으라 한 대, 그 욕심 만흔 아희가 그제야 생각하니 이 수박을 저 혼자 밧으면 필연 저 잇는 밧 탕이 무거워 물에 써러질 줄 알고 갈아대, 저 편에 잇는 아희와 쏙갓 치 난호와 주소서 하고, 여러번 애걸하다가 믄득 쌔니 한 꿈이라. 만

68

일 제 욕심대로 혼자 탐하여 공평한 쯧시 업스면 반다시 침륜한 싸에 싸지리라 하고, 이후는 이 아희가 제 허물을 곳처 무론 무삼 물건이던지 무삼 음식이던지 맛나보면 자연 그 마음에 그 쯤을 생각하야 아모 일이라도 공평치 안하면 행치 안나니 이런 고로 전에 악습은 바리고 다시 조흔 사람이 되니 남이 칭찬하지 안는 이가 업더라.

〈참고〉『신정심상소학』권3 제8과 心의 秤이라

흔 慾心 만흔 兒孩 잇서 恒常 貴物을 맛느면 저 혼즈 가지고즈 ᄒ며 有味 흔 飮食을 보면 저 혼즈 먹고즈 ᄒᄂ이다.

그러ᄒ더니 제가 一夜에는 쭘을 으드니 흔 벗과 갓치 큰 川邊으로 行ᄒᆯ 시 흔 스름이 籠 둘에 水朴을 담아 억기에 메이고 오다가 이 두 아히더러 曰 이 水朴을 너의게 주리라 ᄒ거늘 慾心 만흔 兒孩 곳 兩手를 니며 나만 다 쥬옵소서 ᄒ니

그 스름이 흔 번 웃고 갈오듸 올타 그러나 그냥은 쥬지 아니ᄒ깃스니 爲先 이 籠 속에 드러가 보라 ᄒ고 二兒을 다 잡아 兩邊 籠 속에 너흐니 奇異ᄒ다 이 두 籠은 籠이 아니오 곳 큰 저울바탕이라. 그 스름이 그 바탕을 물에 向ᄒ야 半쯤 기우리고 일너 曰 이러케 되야도 너 혼즈 이 水朴을 다 바들 터이냐 뭇거늘 慾心 잇는 兒孩 그제야 生覺ᄒ되 이 水朴을 저 혼자 바드면 必然 흔 편이 무거워 물에 써러질 줄 알고 갈오듸 저 兒孩와 갓치 平均히 分給ᄒ소서 ᄒ고 萬端 哀乞ᄒ다가 문득 쭘을 씨낫나이다.

此後로는 이 兒孩 改過ᄒ야 物件을 보면 自然 心中에 그 쭘을 生覺ᄒ야 아모 일이라도 公平치 아닐 씨 업스니 이런 故로 남이 稱賞치 아니홀 이 업다 ᄒᄂ이다.

◎ 제삼십사 공과, 쥐의 효심이라

순희라 하는 녀아희가 잇서 책상 압헤서 혼자 책을 볼새 조고마한 쥐소래 들니거늘 눈을 드러보니 벽 밋헤 적은 구멍에서 한 쥐색기가 머리를 내밀고 사람의 동정을 보고저 하야, 긔운을 낫초고 숨을 가만히 쉬고 잇섯더니 쥐색기가 이리저리 보면서, 방에 써러진 쌀낫슬 보고, 혼연이 다시 숨어 가거늘, 순희 생각하되 쥐색기가 엇진 연고로 다시 나오지 아니하는고. 의심하엿더니 이윽고 그 색기 저의 어미를 인도하여 오고, 그 뒤에는 또 한 색기가 싸라 나오는지라. 그 큰 쥐는 구명 겻헤 잇서 나오지 아니하고, 두 색기만 방 가온대로 단니며 쌀낫슬 집어서 저는 먹지 아니하고 큰 쥐 압흐로 수운하여 가더니 큰 쥐 즉시 먹지 못하고 다만 입으로 쌀낫슬 차지면서 어릿어릿하는지라. 자세 보니 가련하다. 이 큰 쥐는 눈먼 쥐오, 두 색기가 먹을 거슬 엇어 봉양하는지라. 순희 생각하되 저 거슨 즘승이라 하되, 오히려 그 어미를 극진히 봉양한다 하고, 매우 감동하야 더욱 고요히 안저 놀내지 아니하엿더니 문밧긔 홀연히 사람의 발소래가 잇는지라. 두 색기 듯고 크게 놀나 한 소래를 크게 지르니, 이는 제 어미의게 들녀 급히 도망하게 함이라. 그 째에 큰 쥐가 듯고 곳 구멍으로 드러 갓나니라.

〈참고〉『신정심상소학』 권3 제9과 孝鼠의 이야기라

順姬란 女子ㅣ 冊床 압히서 혼주 冊을 볼시 조고마흔 소리 들니거늘 눈을 드러보니 壁 밋히 저근 구멍에서 흔 쥐쇠기가 머리를 늬밀고 스름의 動靜을 보는지라 順姬ㅣ 쥐쇠기의 動靜을 보고즈 흐야 氣運을 낫추고 喘息(천식)을 가만이 흐고 잇섯더니 쥐쇠기 이리저리 보면서 房의 써러진 米粒을 보고 忽然히 다시 슈머 가거늘

順姬ㅣ 싱각흐되 쥐쇠기 何故로 다시 나오지 아니흐는고 疑心흐얏더니 이윽고 그 쇠기 저의 어미를 房中으로 引導흐야 오고 그 뒤에는 또 흔 쇠기 싸라 느오더니

그 큰 쥐는 구멍 겻히 잇서 나오지 아니흐고 두 쇠기만 房中으로 도라다이면서 米粒을 집어서 저는 먹지 아니흐고 큰 쥐 압흐로 輪運흐야 가더니

큰 쥐 卽時 먹지 못흐고 다만 입으로 米粒을 츳지면서 어릿어릿흐는지라 仔細히 보니 可憐하다 이 큰 쥐는 盲者ㅣ오 두 쇠기가 食物을 어더 奉養흐는 거시라

順姬ㅣ 싱각흐되 저것슨 짐싱이로딕 오히려 그 모를 極히 奉養흔다 흐고 믹우 感動흐야 더욱 고요히 안저 놀닉지 이나흐얏더니 窓外에 忽然 人跡이 잇는지라 두 쇠기 듯고 大驚흐야 흔 소릭를 크게 질으니 이는 제 어미의게 들녀 急히 逃亡흐게 흠이라

그 쩌 큰 쥐 듯고 곳 구멍으로 드러갓느이다.

嗚呼ㅣ라 짐싱이라도 其親을 奉養과 保護흐기에 用心흐기를 이갓치 흐니 흐믈며 스름되는 者ㅣ 孝心이 업슨 즉 엇지흐리요.

◎ 제삼십오 공과, 새되기를 원하는 문답이라

한 교사가 녀아희 학도 셋슬 노코 좌에 긔록한 대로 질문하엿나니라. 교사가 갈아대, "난희야. 네 만일 새가 될진대 어나 새 되기를 바라나뇨."

난희 대답하여 갈아대 "나는 쇠고리 되기를 원하옵나이다. 쇠고리는 본래 극한 산골노브터 나와서 놉흔 나모에 옴기고 쏘 항상 아름다온 소래로 그늘 가온대에 맑게 우나이다."

교사 갈오대 "숙희야 너는 어나 새 되기를 원하나뇨."

숙희 대답하여 갈아대 "나는 원앙새 되기를 원하옵나이다. 원앙새는 깃도 고흐며 항상 물 우헤 쌍쌍이 써 단니며 즐겁게 노옵나이다."

교사 갈아대, "정희야. 너는 어나 새 되기를 원하나뇨."

정희 대답하여 갈아대, "나는 가마귀 되기를 원하옵나이다. 가마귀는 외모 보기는 조치 못하나 효심이 대단하야 봄과 여름에 제 어미가 나서 기른 후에 그 색기가 장성하야 가을과 겨을을 당하면 먹을 거슬 무러다가 도로 그 어미를 먹이옵나이다."

교사ㅣ 세 녀아희의 대답을 드른 중에 정희의 대답이 가장 조흔 줄노 칭찬하고, 쏘 훈계하되 므릇 사람의 모양이 고흔 것보다 마음이 아름다온 거시 제일이라 하고 자세히 가르첫다 하니라.

〈참고〉『신정심상소학』권3 제13과 鳥됨을 願ᄒᄂ 問答이라

ᄒ 敎師ㅣ 女生徒 서희를 모와 놋코 左列ᄒᆫ 일을 質問핫니다.

敎師曰 蘭嬉야 萬一 네가 시 될진디 어늬 시 되기를 바라나뇨.

蘭嬉 對曰 나ᄂ 쇠고리 되기를 願힙니다. 쇠고리ᄂ 恆常 아름다온 소리로 滋味 잇게스리 우ᄋᆸ나이다.

敎師 曰 竹嬉야 너ᄂ 어늬 시 되기를 바라ᄂ뇨. (삽화)

竹姬 對曰 나ᄂ 鴛鴦으로 되기를 願힙니다. 鴛鴦은 깃도 고을 ᄲᆫ더러 恆常 즐기며 물우희서 노ᄋᆸ니다.

敎師曰 貞嬉야 너ᄂ 어늬 시 되기를 바라ᄂ뇨.

貞姬曰 나ᄂ 가마귀 되기를 願힙니다. 가마귀ᄂ 보기ᄂ 좃치 아니ᄒ나 孝心이 大端ᄒ 시라 힙나이다. (삽화)

敎師ᄂ 三女의 對答을 聞ᄒ고 그 貞嬉의 對答이 가장 됴ᄒᆫ 줄노 미우 稱贊ᄒ고 ᄯᅩ 訓戒ᄒ되 무릇 사름은 姿貌의 고ᄒᆫ 것보다 心志의 아름다온 거시 第一이라 ᄒ고 仔細히 말핫다 힙니다.

◎ 제삼십륙 공과, 둑겁이와 파초가 문답한 말이라

둑겁이가 주리고 피곤하야 파초 아래에서 쉬이다가 파초를 보고 말하되 너 잇는 곳이 심히 아름답도다. 나는 일생에 피로옴을 건댈 수 업스니 너와 내가 몸이 서로 밧구엇스면 좃켓다 하니, 파초가 대답하되 내 보건대 너는 평생에 수로함이 업스매 반다시 너 사는 곳슨 조혼가 하노니, 나도 역시 밧고기가 소원이로라 하니, 둑겁이 대답하대 나는 평생에 수고를 하여야 먹을 것도 생기며 또 밧긔 나가 놀 째면 베암과 닭이 엿보와 잡아먹으랴 하는지라. 너는 정결한 초당가에 안저서 비가 오면 옷시 스스로 윤택하고 몸이 스스로 자라나니 무엇슬 근심하나냐 한 대, 파초가 대답하되 허허 말 마라. 나는 종신토록 몸을 능히 운동치 못하야 여름에 해빗치 쏘이여 목이 말너도 임의로 물을 마시지 못하고 소와 말이 와서 나의 머리를 쯧어 먹으며 버러지가 내 배를 좀먹으되 내가 능히 막을 수 업거니와 너는 네 마음대로 운동하니 무삼 격정을 하나냐 하더라.

그 째에 맛참 귀쓰람이가 울거늘 둑겁이 그 소래를 듯더니 잡아먹으랴 하고 쒸여 가더라. 므릇 사람이 세상에 나매 다 고난이 잇스니 엇지 하나님을 원망하며 남을 허물하리오. 다만 하나님씌서 주신 바를 각각 감

74

<u>사할 쓴이니라.</u>

〈참고〉 이 시기 다른 독본류에서는 찾을 수 없음.

◎ 제삼십칠 공과, 다람쥐 니야기라

한 늙은 다람쥐가 잇서 여러 다람쥐를 고빙하야 밤과 상수리를 만히 주어다가 구멍 속에 저축하고, 겨을 지낼 계책을 예비하엿더니 하로는 늙은 다람쥐가 여러 다람쥐를 불너 일용할 량식을 분급할새, 늙은 다람쥐 갈아대 아참에 셋식 주고 저녁에 넷식 주마 하니, 여러 다람쥐가 크게 노하야 갈아대 우리가 남의게 고빙되여 죽을 힘을 다하야 실과를 만히 저축한 거슨 이 쌔를 당하야 배부르게 먹으랴 한 거시어늘 이제 주인이 우리게 닐곱을 반사하되 너무 박하게 하여 아참에 셋식 주마 하니, 대단히 섭섭하다 하고, 의론이 불일하거늘, 늙은 다람쥐가 그 말을 듯고 웃고 갈아대 내가 잠간 잘못 생각하엿스니, 한 조흔 계책이 잇도다. 그러면 아참에 넷식 주고 저녁에 셋식 주리라 한 대, 여러 다람쥐가 아참에 넷식 주마 하는 말을 듯고 모도 깃버하여 늙은 다람쥐의게 서로 치하가 분분하더라. 슲흐다. 세상에 남의게 고빙된 사람들이 아참에 안저서 저녁 일을 생각지 안코 다만 눈압헤 시급한 리익만 구하니 엇지 이 다람쥐가 아참에 셋식 주고 저녁에 넷식 주마 함은 불가하다 하고, 아참에 넷식 주고 저녁에 셋식 주마 함은 깃버함과 다라리오.

당장에는 해로온 일이 잇서도 몃백년 혹 몃천년 후에 크게 리익됨을 예산하나니라.

◎ 제삼십팔 공과, 나나니 니야기라

네전에 부자런한 개암이가 잇서 겨을에 일긔가 매우 짯짯함을 보고 그 여름에 저축하엿던 량식을 내여저마11) 할새 그 째에 맛참 한 나나니12)가 잇서 긔한을 견대지 못하여여 형상이 반좀 죽는 모양으로 개암이 겻헤 와서 공손하게 먹을 것을 빌거날 개암이가 갈아대 너는 엇지하여 여름에 만히 먹을 거슬 저축하여서 우리의 하는 바를 본밧지 아니하엿나뇨. 나나니 대답하여 갈아대 내가 여름에 결을이 업스니 내가 오직 음식을 잘 먹고 여러 벗들과 갓치 노래하고 춤추기로써 세월을 헛되이 보내고 일직이 겨을을 지낼 계책을 생각지 못하엿나니다.

개암이 닐너 갈아대 우리의 법은 너와 갓지 안하니 여름 되엿슬 째에 힘을 다하고 공부를 부자런히 하여 량식을 만히 저축하엿다가 겨을에 풍설이 대작하면 나아가서 엇어먹지 못할 째를 예비하엿스니 만일 너와 갓치 그 째에 음식을 잘 먹고 노래하며 춤추기로 앗가온

---

11) 내여저마: 내어 주마.
12) 나나니: 나나니는 벌목 구멍벌과의 일종. 나방애벌레를 마취시킨 뒤, 땅속의 집에 저장하여 애벌레의 먹이곤충으로 삼는다. 활동기간은 7월에서 8월 사이이기 때문에 여름에 볼 수 있는 사냥벌이다.

광음을 허비하엿더면 이제 반다시 너와 갓치 긔한에 고생을 면치 못할 번하엿다 하고, 아모 것도 주지 안코 갈아대, 이 거슨 네가 너를 주리게 함이니 누구를 원망하리오 하니, 나나니가 붓그러옴을 이긔지 못하여 머리를 숙이고 물너갓다 하더라.

대개 사람이 세상에 나매 반다시 그 직분이 잇스니 젊어서 힘써 공부를 부자런히 하면 먹고 닙는 거시 자연 그 가운데에 잇는지라. 만일 젊고 장성한 째에 놀기를 조화하고 사치를 조화하야 주사청루에 방탕하며 유익지 못한 벗을 추축하야 가무하고 련락함으로 세월을 허송하면 백발이 재촉하야 잠간 동안에 늙을 째를 당하기를 나나니가 여름을 허송하고 겨울을 당함과 갓한지라. 늙은 후에는 후회하여도 쓸대업고 주리고 치워도 호소할 곳이 업슬 거시니 나나니가 개암이의게 구걸을 청한들 엇지 일홉 량식을 주리오. 누구던지 이 일을 보고 생각하여 젊어쓸 째에 공부를 부자런히 졸업하여야 일후에 늙을 째에 지낼 거슬 예비하리라.

〈참고〉 이솝우화 〈개미와 베짱이〉/대한국민교육회(1906), 『초등소학』 권5
제27과 蟻와 蟋蟀

蟻는 부지런흔 버러지라 夏間에 力을 盡ᄒ야 그 食物을 儲蓄ᄒ야 日氣가 寒흔 後에 此를 食ᄒ오. 一日은 蟋蟀이 蟻에 往ᄒ야 食物을 조곰 救助ᄒ라 ᄒ니 蟻가 對答ᄒ되 可憐흔 親舊여 汝의 주림을 我가 將次 救助코져 ᄒ나 汝는 夏間에 何事를 ᄒ얏느뇨 ᄒ니 蟋蟀이 言ᄒ기를 我는 夏間에 오작 草中에서 歌를 唱ᄒ고 노랏노라 ᄒ니 是時에 蟻가 꾸짓되

然ᄒ면 汝의 困苦흠이 맛당ᄒ다 我는 長夏의 盛暑에 부지런히 일을 ᄒ야 一年을 支흘 食物을 豫備ᄒ얏스니 汝갓치 게으른 者는 救助흘 수 업다 ᄒ고 拒絶ᄒ얏소.

人도 게으르게 日을 度ᄒ고 事를 爲치 아니ᄒ면 반닷히 飢寒에 至ᄒ리니 後日에 後悔흔들 무슨 利益이 잇스리오. 蟋蟀을 경게흠이 可흘 듯ᄒ오.

◎ 제삼십구 공과, 박쥐 니야기라

하로는 긔는 즘승과 나는 새가 크게 전장을 배설하고 서로 승부를 결안코저 할 쌔에 맛참 박쥐란 놈이 잇스니 성픔이 유타 하고 마음이 간교한 자ㅣ라 다만 제 일신에 편함만 생각하여 도모지 량편 싸홈을 간섭지 안타가 도리켜 생각한즉 길즘승은 본래 힘이 만코 위엄이 당당하니 병법에 갈아대 적은 거슨 큰 거슬 당치 못하고, 약한 거슨 강한 거슬 당치 못한다 하엿스니, 그 형세는 반다시 새에 적수가 아니라, 즘승이 익이리라[13] 하고, 드대여 추창하여 즘승의 진중에 드러가서 공손하게 여러 즘승의게 닐너 갈아대 내가 슨본 새가 아니라 내 입에 량편에 즘승의 입발이 잇스니 천하에 엇지 입발 잇는 새가 잇스리오. 내가 새가 아니오 즘승의 종류라 하고, 무한이 아첨하더니 세상사를 미리 알기가 어렵도다. 뜻 밧긔 새중에 비장군이 잇스니 일홈은 매라. 날내고 용맹함은 삼군에 웃듬이오, 비밀한 계책과 신긔한 재조는 만부의 당할 자ㅣ 업더라. 여러 새를 거나리고 조익진을 벌이고 코게 접전하여 싸홈을 익이여 깃격서를 단봉궐[14]에 올니니

---

13) 익이리라: 이기리라. 이길 것이다.

14) 단봉궐(丹鳳闕): 한(漢)나라의 궁전. 고소설에 빈번히 등장하는 고유 명사임. 참고 '열녀춘향수절가'의 "丹鳳闕(단봉궐) 하직하고 白龍堆(백용퇴) 간 연후에 獨留靑塚(옥류청총)하였

성명이 성명이 산림에 가득한지라.

박쥐가 즘승의 진중에 잇다가 일시에 즘승이 패하여 다라남을 보고 곳 공중에 놉히 날라 새 진중에 드러가 여러 새의게 닐너 갈아대, 내가 량편에 날개를 펴고 능히 날라왓시니 나는 근본 새 종류라. 엇지 즘승을 도으리오. 잠간 즘승 진중에 드러간 거슨 그 비밀한 계책을 탐지하여 우리 장군의에 알게 함이오, 실상 즘승을 도으랴 한 거슨 아니라 하고, 일노 말매암아 박쥐가 즘승과 새 두 사이에 도모지 유의한 곳이 업시 추세하기만 위업하더라. 그런 고로 지금까지 박쥐가 낫의는 감히 세상에 나오지 못하고, 바위 구명의 숨엇다가 반다시 밤이 되어 새가 길쓰리고[15] 즘승이 잘 째면 비로소 먹을 것을 찾더라.

오호라. 즉믕 세상 사람를 삷혀보니 도모지 주장한 곳이 업서 박쥐가 즘승과 새 두 사이에 왕래하며 아첨함과 갓치하니 생각건대 니와 갓흔 사람은 박쥐인가 하노라.

〈참고〉 대한국민교육회(1906),『초등소학』권5 제25과 蝙蝠

蝙蝠은 晝伏夜出ㅎ는데 貌樣이 鼠와 如ㅎ며 又 肉翅가 有ㅎ야 能히 飛흠은 鳥와 如흔 故로 그 飛흠을 見흔 則 鳥인지 獸인지 知키 難흠이라.

古時에 鳥와 獸의 兩間에 一大戰爭이 起ㅎ니 是時에 蝙蝠은 彼가 鳥도 아니오 獸도 아닌 故로 何便에든지 셕기지 못흘 줄을 知ㅎ고 中立ㅎ야 勝ㅎ는 便으로 가고져 ㅎ더라.

時에 獸의 便이 勝흘 듯흔지라, 蝙蝠이 獸에게 往言ㅎ되 我는 獸로라, 汝等이 어느 鳥가 我쳐름 齒가 有흠을 見ㅎ얏느냐 ㅎ더니

意外에 一大 鷲이 鳥를 來助ㅎ야 形勢가 變ㅎ야 鳥의 便이 勝ㅎ게 되는지라 蝙蝠은 又 鳥에게 往言ㅎ되 鳥여 我의 羽를 見ㅎ라, 我는 오작 鳥이로라 ㅎ더니 兩間에 勝負는 決치 못ㅎ고 鳥와 獸가 다 力이 盡ㅎ야 平和가 된

으니 王昭君(왕소군)도 올 리 없고 長身宮(장신궁) 깊이 닫고 白頭吟을 읊었으니 班첩여도 올 리 없고".

15) 길쓰리고: 깃들이고.

故로 蝙蝠은 鳥獸에게 다 미음을 밧어셔 晝日에는 外에 出치 못호고 오작 夜에만 出行흔다 호더라.

此가 一 俚言이로딕 人이 萬一 自立호는 氣가 無호고 他人만 依賴호면 其終에는 此 蝙蝠의 行爲와 異흠이 무엇이리오.

◎ 제사십 공과, 파리 니야기라

　파리는 곤충 중에 제일 미운 거시라. 그 심술과 모양이 소인과 갓하니 항상 흰 물건을 맛나면 검은 거슬 토하고 검은 거슬 맛나면 흰 거슬 토하니, 그 심술이 가히 부정함을 알 일이오, 또 안젓슬 쌔면 항상 발을 들고 비는 모양이 죄인과 갓하니, 소인이 대인을 대하면 무서워 하는 것과 갓고, 제왕의 루대와 부귀한 사람의 자리에는 감히 갓가히 못하고, 가난한 선배의 집과 천한 백성의 처소에는 내모라도 도로 드러오며 쫏차도 나아가지 안하니, 소인이 유세한 집은 추앙하고, 무세한 사람은 업수히 녁임과 갓고, 음식을 보면 욕심이 충만하여 죽음을 생각지 안나니, 소인이 정욕을 탐하여 사지에 쌔짐과 갓흔지라. 대개 그 파리는 모양이 다 소인의 형상에 비유할지라.

　그 니야기를 대강 설명하오리다. 파리가 한 쑬 그랏을 엇으매 욕심을 금치 못하여 처음에 그랏가에 붓터서 조곰 쌜어 맛보니 과연 맛시 달고 조혼지라. 무럼한 욕심을 내여 생각한즉 저 쑬을 다 먹어도 오히려 부족하다 하야 날라 쑬 그릇 가온대에 드러가서 쑬 우헤 안저 쌜어먹으니, 제가 아모리 욕심이 만한들 량이 업스니 엇지 그 쑬을 다 먹으리오. 배부르게 먹은 후에 사람이 오는 것을 보니, 급히 날라 가고저 한들, 그 약한 발이 쑬에 브터서 능히 운동하지 못하는지라.

그제야 죽을 힘을 다 쓰며, 도망하고저 하나 발은 고사하고 온 몸이 모다 꿀 속에 드러가 맛참내 꿀 속에 장사지내엿나니라.

이 일을 볼진대 세상 사람들이 근본 하나님씌 품부한 량심은 일코 소인의 행색을 본밧아 세상에 헛된 번화함과 육신의 부귀를 탐하야 정욕에 침륜하다가 능히 쌔닷지 못하고 필경 죽을 지경에 쌔니나니 엇지 지혜잇는 사람의 경계할 바 아니리오.

〈참고〉『신정심상소학』권1 제26과 蠅과 飛蛾의 이이기라
이 단원에서는 제25과에 '淸潔ᄒ게 ᄒ라'와 합친 것으로 볼 수 있음.

第二十五課 淸潔ᄒ게 ᄒ라
우리 梔常 몸을 淸潔케 아니ᄒ 則 남이 실여도 홀 쑨더러 악ᄒ 病은 大槪 더러운 몸에서 나고 쏘 傳染도 ᄒᄂ니 故로 얼골과 입과 손과 손가락쑨 아니라 其他 全身도 자조 물에 쎠서 精ᄒ게 ᄒ며 쏘 衣服은 ᄌ조 쌔라 입어 쌔 뭇지 아니케 홀 것시오이다

第二十六課 蠅과 飛蛾의 이이기라
파리가 꿀 담은 그릇가에 안ᄌ서 꿀을 먹다가 꿀이 다리에 붓터 싼싼ᄒ야 쎠러지지 아니ᄒᄂ지라

飛蛾가 이거슬 보고 그 慾心이 만흠을 우섯더니, 不過 暫時에 飛蛾가 그 겻 등볼 가으로 나라 단이다가 뭇춤ᄂᆡ 불길노 드러가 크게 데이거늘 파리 쏘ᄒ 그 撲火ᄒ고ᄌ 흠은 無識ᄒ 일이라고 우섯ᄂ이다.

◎ 제사십일 공과, 솔개 니야기라

솔개는 새 중에 제일 음흉한 새니 일생을 도적질하야 먹기로 위업하더라. 하로는 심히 주리여 먹을 거슬 도적질하려 촌간으로 단니다가 한 썩은 쥐를 엇어 조흔 고기로 알고, 두 발노 움키여 가지고 방장 먹으랴 할 째에, 맛참 봉황이 놉히 날아 단산[16]으로 가는 길에 그 우흐로 지나니 솔개가 저 먹는 쥐를 쌔아실까 두려워 하야 도라보고 크게 소래하며 두 날개를 버리거늘 봉황이 웃고 갈아대 슯흐다. 솔개여. 내 말을 드르라. 나는 대열매가 아니면 먹지 안코 오동이 아니면 길 쓰리지 안나니 찰아리 주려 죽을지언정 너희 먹는 추악한 음식은 먹지 아니하리라 하고, 상서로온 깃슬 썰치고 표연이 날아가더라.

가소롭다 솔개여. 저 봉황이 제의 추악한 것을 상관치 아니하는 줄은 아지 못하고, 드리혀 다행이 녁여 그 썩은 쥐를 달게 먹더라. 제가 만일 그 봉황이 청염하고 조찰한 거슬 보고, 붓그러온 마암이 잇서 겸손하게 배호기를 무러스면 봉황이 반다시 잘 교육하야 첫재는 도적질하던 마음을 회개식키고, 둘재는 거처를 정결이하고, 셋재

---

16) 단산(丹山): 봉황이 산다고 알져진 곳. '사랑가', '경복궁타령' 등에 '단산 봉황'이라는 구절이 빈번히 등장함.

는 음식을 존절하게 하야 봉황과 갓치 동등권을 가지고 천하의 유명한 새가 되엿슬 번 하엿스나. 종시 제 행색을 감초지 못하여 평생에 추악한 일홈을 면치 못하엿도다.

대개 이 세상 인심을 삶혀보니 만일 <u>문명한 사람들이 그 놉흔 뜻과 조찰한 행실노 가릇치시던지 혹 회개식히라</u>면 그 사람 압헤 복종하며 공경한 마음으로 교육 밧기는 원치 아니하고, 도리여 <u>구습을 곳치지 아니하고,</u> 싀긔하는 마음과 미워하는 마음이 가득하야 제 산업을 쌔아실가, 제 생업을 해롭게 할가 하여 원수갓치 보니, 누가 이갓한 사람을 잘 교육하리오. 필경은 구습에 물드러 하등사람을 면치 못하니, 비유컨대 솔개가 봉황을 보고 붓그러온 마음과 배홀 생각은 두지 안코 저 먹던 썩은 쥐를 쌔아실가 두려워하는 것과 갓도다.

〈참고〉 이 시기 다른 독본류에서는 찾을 수 없음.

◎ 제사십이 공과, 솔개와 조개 니야기라

한 솔개가 잇서 바다가에 지나다가 본즉 큰 조개가 입을 벌니거날 그 속에 잇는 고기를 탐내여 입부리로 쪼은대, 조개가 입을 움치니 솔개가 능히 할 수 업서 조개다려 닐너 갈아대 금일에 비가 오지 아니하며 명일에 비가 오지 안코 삼일까지 비가 오지 아니하면 네가 반다시 말너 죽으리라 하니, 조개가 또 솔개다려 닐너 갈아대 금일에 먹지 아니하며 명일에 먹지 아니하고 삼일까지 먹지 아니하면 네가 반다시 주려 죽으리라 하고, 서로 붓들고 놋치 아니하니, 닐은바 방휼지세라.

솔개와 조개가 서로 붓들고 운동치 못하거날 그 고기잡는 사람이 솔개와 조개를 다 잡아갓스니 일은바 좌수언인지공이라 하니라. 브릇 사람이 남과 갓치 닷톨 재에 이 일을 생각하여 조심할 거시, 대개 나라로 말할지라도 이 나라와 저 나라가 서로 싸호고 화친하지 아니하면 그 두 사이에 다른 나라이 그 형세가 피곤함과 재물이 탕진함을 보고, 반다시 두 나라에 토지를 쌔아서 그 리익을 취할 거시니, 그런즉 엇지 하여야 남의게 사로잡한 바ㅣ 되지 아니하리오. 첫재는 내 정욕을 금지하여 남의게 잇는 거슬 탐내지 말고, 둘재는 내 힘을 생각하여 남을 익이지 아니하면 둘이 다 온전할 거시니라. 비유컨대 솔개가 조개의 고기를 탐내여 찍지 아니하엿스면 제가 죽지 아니할 거시오, 조개도 제 힘을 생각하여 나종에 못 익이는 체하고 입을 벌녀 주엇스면 제가 죽지 아니하엿슬 듯하나, 둘이 서로 익이랴 하다가 고기 잡는 사람의게 잡힌 바ㅣ 되엿스니 무삼 유익함이 잇스리오.

대개 몸을 닥고 나라를 다사리는 사람들은 깁히 경계할지니라.

〈참고〉『신정심상소학』권2 第二十五課 가마귀가 조개를 먹는 이이기라

許多흔 가마귀가 흔 바다가에 모이여 조개를 바위 우헤 두고 입부리로써 쏘와 쏘개랴 흐니 조개가 단단흐야 容易히 쏘길 수 업는지라. 여러 가마귀가 다 束手無策흐더니 其中에 흔 가마귀 고기를 슘이고 무슴 計較를 生覺흐는 듯흐더니 믓츰닉 흔 용흔 手段을 닉야숩나이다. (삽화)

이 가마귀가 조개를 물고 空中에 놉히 날아 올나서 조개를 그 아릭 바위에 써룻치니 조개 깃야지는지라 이에 그 속에 잇는 고기를 쏘와 먹엇소이다.

世上 스름이 일을 始作흐다가 조금 어려우면 스스로 말흐되 나는 到底히 일을 흘 수 업다 흐는 스름도 만히 잇스니 이런 가마귀도 쳐음에 조개를 씰 수 업슬 쩌에 흘 수 업다 흐고 그만 두엇스면 반다시 맛잇는 고기를 먹지 못흐얏슬가 보오이다.

◎ 제사십삼 공과, 리순신의 지혜라

대한에 한 유명한 장수가 잇스니 성은 리요 명은 순신이오 시호는 충무공이라. 선조대왕 시절에 임진년 일본 병란을 당하여 수군 제독이 되니 그 지혜는 닐우 말할 수 업스나 대강 설명하노라.

이 병란 나기 전에 리순신이가 미리 계책을 예산하여 전라도 좌수영 울두목이라 하는 곳에 수중으로 쇠사슬을 걸어 두엇더니, 그 후에 수군과 갓치 상류에서 접전하다가 거즛 패하는 체하여 쏫겨오다가 울두목에 니르러 배닷슬 노흐니 일본배도 닷슬 놋는지라. 대한 배는 나모닷신 고로17) 급한 물결을 짜라가되 일본배는 쇠닷신 고로 곳 물 속에 드러가 쇠사슬에 걸니니 물놀이 심히 급하야 다 복선되는지라. 병장긔를 쓰지 아니하여도 크게 싸흠을 득승하엿더라.

쏘 하로는 잠수군으로 하여곰 일본배 밋츨 구멍을 쏠을새 몬저 나모군을 지발하여 건너편 산에 가서 큰 나모를 독긔로 버히니 나모 버히는 소래가 짱짱하야 배에 마조치니 일본 군사들이 나모 버히는 소래를 듯고 제 배 밋헤 구멍 쏠는지는 의심치 아니하엿더니, 거미구에 물이 배 밋흐로 소사올나 다 물 속에 싸졋나니라.

---

17) 나모 닷신 고로: 나무 닻인 까닭에.

또 하로는 수중에 전선을 매이고 서로 진을 대할새 일본배는 하류에 잇고 대한배는 상류에 잇더니 리순신이 한 계착을 생각하여 뒤웅박 속에 벌을 만히 잡아 너허, 물에 씌여 보내니 일본 진중에서 그 뒤웅박을 건저 뒤웅박 막애를 쎄여본즉 무수한 벌쎄가 나와 군사들을 쏘니 진중이 크게 어지러온지라. 리순신이 그 째를 타서 군사를 내여 치니, 일본 군사가 크게 패하엿나니라. 또 그 잇흔날 뒤웅박 속에 화약을 담어 여러 개를 물에 씌여 보내니 일본 진중에서 뒤웅박을 건저노코 서로 말하되, 이 뒤웅박에 분명히 또 벌을 너헛스니 지금은 속지 아니하리라 하고, 불 속에 던지니 홀지에 화약이 풍겨 무수한 군졸이 만히 죽고, 또 군중이 크게 어지러워 항오를 일헛는지라. 리순신이 그 적병의 어지러옴을 보고, 음습하엿스니 일본 군사가 대패하엿나니라.

〈참고〉『유년필독』卷三 第二十一課
이순신 관련 자료는『유년필독』에만 등장함.

李舜臣[리순신]은 우리나라의 第一名將[뎨일명쟝]이라. 全羅[전라], 慶尙[경샹] 兩道[량도] 바다에셔 敵兵[뎍병)을 大破[대파]ㅎ기 數十次[수십ᄎ]가 되니 日本[일본]의 水軍[슈군]이 다 여긔셔 盡[진]흔지라. 만일 舜臣[순신]이 아니면 壬辰亂[임진란]이 더욱 限[한]이 업셧슬 거시오, 그 龜船[거북션]이라 ㅎ는 빈는 鐵[텰]로써 쌋스니 곳 世界[세계] 各國[각국] 鐵甲船[텰갑션]의 始祖[시조]라 ㅎ느이다.

그러ㅎ나 奸臣[간신]의 誣訴[무소]를 입어 險難[험란]을 지닉기 數次[수ᄎ]오, 이외에 또 趙憲[죠헌]과 高敬命[고경명]과 金千鎰[김천일]과 郭再祐[곽지우] 等[등]은 義兵[의병]을 이르켜 그 忠烈[충렬]이 天人[하날과 사름]을 감동ㅎ며,

또 李浚慶[리쥰경]의 공업과 李滉[리황]의 문학과 차외에 朴淳[박순]과 盧守愼[로슈신]과 柳成龍[류셩룡]과 李恒福[리항복]과 李德馨[리덕형]과 李廷龜[리정귀] 等[등]은 다 일덕 名臣[명신]이오이다.

◎ 제사십사 공과,
선생이 제자의 지혜를 본 니야기라

동방에 한 유명한 선생이 잇스니 박람박식하고 재조가 만터라. 그 문하에 두 제자가 잇서 학업을 배호더니 하로밤은 선생이 그 제자의 지혜를 보고저 하여 은전 이원으로 두 제자의게 난호와 닐너 갈아대, 내가 이제 너희게 은전을 주노니, 이 은이 얼마 되지 못하나 다만 이 은은 가지고 속히 저자의 가서 너희 마음대로 각각 한 물건을 사서, 이 어도온[18] 학교를 쑤려 채오게 하라 하니, 두 제자가 선생의 말을 듯고 저자로 물건을 사러 가더니, 조곰 잇다가 한 제자가 도라와 고하여 갈아대, 선생님이여, 내가 이 은전 일원으로 다 말은 나모[19]를 삿시시 가히 이 학교를 채올 만하니이다 한 대, 선생이 갈아대 학교를 채오면 가득하기는 하겟시나 이 학교가 그전보다 더욱 심히 어둘테니 엇지할고 하더라.

쏘 한 제자는 그 은전에 삼분지일노 기름을 사 가지고 도라와 등불을 켜서 방 가온대에 놉히 달고 그 선생의게 고하여 갈아대 우리 선

생님이여, 내가 이 어두온 학교를 빗으로 가득히 채웟나이다 하니, 선생이 칭찬하여 갈아대 참 조타. 네가 빗으로 이 학교를 충만하게 하엿스니 총명한 법이 엇지 이에서 지낼 수 잇스리오 하더라.

이 일을 볼진대 밝은 사람은 밝은 거스로 나타내이고 어두온 사람은 어두온 형상으로 나타내이나니 나모와 기름을 사람 일신에 비유컨대 나모는 재물이 되고, 기름은 지혜가 될 터이니, 므릇 재물만 생각하면 항상 어두온대 처하고, 지혜를 사모하면 항상 비츨 주장하나니라. 그러나 만일 기름을 예비하지 아니하면 빗시 어둡기가 쉬오니 항상 기름을 예비하여 영생에 빗 엇기를 바라노라.

〈참고〉 휘문의숙(1906), 『고등소학독본』 권1 제20과 暗室

古者에 一 名師가 有ᄒᆞ야 其 門下에 二個 學生이 有ᄒᆞ더니 一夜는 師가 銀錢 二枚로써 二生을 分與ᄒᆞ고 謂曰 我ㅣ가 今에 爾等을 與ᄒᆞ는 銀이 價值는 無多ᄒᆞ나 爾等은 此銀을 分持ᄒᆞ고 速히 市中에 往ᄒᆞ야 爾等의 意를 隨ᄒᆞ야 何物이던지 購來ᄒᆞ야 써 此 書室을 充케 ᄒᆞ라 ᄒᆞ니 二生이 應諾ᄒᆞ고 出ᄒᆞ야 未幾에 一生은 其銀을 盡給ᄒᆞ고 稻草를 購得ᄒᆞ야 其師에게 返 告曰 如許ᄒᆞ면 此室을 可充ᄒᆞ다 ᄒᆞ거늘 師曰 室은 可充ᄒᆞᆯ지나 其 黑暗이 更甚ᄒᆞᆷ에 奈何오. 又 一生은 其銀의 三分一를 給ᄒᆞ고 燭을 購來ᄒᆞ야 室中에 燃ᄒᆞ고 其師에게 告曰 我가 此室을 充케 ᄒᆞ얏다 ᄒᆞᆫ딕 師曰 善ᄒᆞ다 爾가 光으로써 此室을 充케 ᄒᆞᆷ은 卽, 聰明의 一端이라 ᄒᆞ얏스니 此에 可히 智愚의 別을 見ᄒᆞᆯ지니라.

◎ 제사십오 공과, 괴가 원숭의게 재판한 니야기라

네전에 괴 둘이 잇서 주리여 견댈 수 업더니 뜻밧긔 고기 한 덩이를 도적질하여 물어다 놋코 난호와 먹을새 서로 만히 먹으랴 하고 닷토와 송사할 지경에 니르니 공평이 재판하는 관원을 구하더라.

그 새에 한 유명한 재판장이 잇스니 일홈은 원숭이라. 이 원숭이가 공당에 놉히 안저 거즛 위엄을 배플고 당장 한 저울을 달고 두 괴를 불너 갈아대 너희가 닷토던 고기를 가저오라. 내가 공평하게 판단하리라 하니, 이에 두 괴가 고기를 올니거늘 원숭이가 그 고기를 두 덩이에 난호아 저울 바탕에 두고, 두 괴다려 닐너 갈아대 너희는 압헤 와서 보라. 저울 중수를 똑갓치 달어 싸홈을 금지하리라 하고, 드대여 저울 추를 씀량하니 한 덩이는 가배얍고 한 던이는 무거온지라. 원숭이가 그 무거온 덩이를 한 번 베어먹고 두 괴다려 닐너 갈아대 이 법이 제일 공평한 법이라 하며, 쏘다시 저울에 달매, 무겁던 덩이는 도로 가배야워지고 가배얍던 덩이는 도로 무거온지라. 원숭이 갈아대 그래도 공평치 못하다 하고, 쏘 한 번 베혀 먹으니 두 괴가 보고 원숭의게 고하여 갈아대 조곰 고로지는 못하나 그대로 주옵소서. 우리가 이제야 족족함을 알엇나니다 하니, 원숭이 대답하대 너희는 임의 족족함을 알엇스나 다만 내 률법은 오히려 지극히 고로지 못하도다. 나는 오직 률법 맛흔 관원이니 률법대로 행하리라 하고, 한 덩이를 들어다 먹은 후에 쏘 한 덩이를 들고 보니, 두 괴가 본즉 장찻 다 먹을 모양이거늘 그제야 애걸하여 갈아대, 청컨대 재판장은 다시 수고를 마옵시고 다만 그 남은 고기를 우리의게 주옵소서 하니, 원숭이가 웃고 갈아대 내가 너희게 말하노니 성품을 너무 조급히 하지 말라. 나는 무론 무삼 일이던지 쏙 공평하게 하여 남 대접하기를 내 몸과 갓치 안케 하노라 하더니, 남은 고기 한 덩이를 마저 다 먹고, 좌우를 호령하야 두 괴를 내여 쏫더라.

세상 사람들은 이 일을 보고 부대 송사를 조화 말지어다. 만일 조고마한 일노 송사하면 큰 리익을 해롭게 하나니 어리석은 사람은 매양 송사하기를 조화하여 제게 잇는 거슬 다 쌔앗겨 원수만 살지게 하나니라.

〈참고〉 이 시기 다른 독본류에서는 찾을 수 없음.

◎ 제사십륙 공과, 아홉 구뷔 구실 쮠 니야기라
(이 말은 가어에 잇나니라)

녜전에 공자가 제나라에 갈새 엇더한 부녀 둘이 쏭닙을 싸는대 동편에서 싸는 녀인은 추비하고 서편에서 싸는 녀인은 아롬다온지라. 공자가 희롱에 말노 하되, 동편 쏭나모 가지는 박색이오, 서편 쏭나모 가지는 아롬다옵다 하니, 동편에 잇는 녀인은 대답하되, 그대의 모양을 보니 입살이 드러나 입발이 뵈이니 일 업시 득방할 터이오, 쏘 초상난 집 개와 갓치 주인 업시 다니는도다 하더라.

그 쌔에 광 싸 사람 양호가 포악하여 도가 업스니 백성을 죽이고저 하더니 공자의 얼골이 양호와 갓한지라. 맛참 그 싸에 지나매 백성들이 양호인 줄 알고 에워싸고 죽이라 하니, 공자가 칠일을 먹지 못하고 하날을 우러러 탄식하여 갈아대 하날이 덕을 내게 내섯스니 광 싸 사람이 그 나를 엇지 할고 하시더라.

광 싸 사람들이 말하되 공자는 성인이라 모로는 바 업다 하니, 만일 이 구실을 쮠이면 양호가 아니오 공자가 분명하다 하고 아홉 구비 구실을 주며 쮠이라 한 대 공자가 그 쮤 계책을 생각지 못하야 그 세자 자공을 보내여 쏭닙 싸던 박색 녀인게 무른대 그 녀인이 글자로 쓰기를 쑬과 개암이라 하엿거늘 공자ㅣ 그 뜻을 해석하여 구실 속에 꿀을 넛코 개암이 허리에 실을 매여 개암이를 구실 속에 드려 보낸즉 개암이가 꿀을 먹으랴 하고 저편 싯흐로 나가니 자연 실이 뀌여진지라. 광 짜 사람이 그제야 과연 공자인 줄 알고 노아 보내니라.

이 일노 보면 사람의 지혜는 남녀가 다름이 업고 모양이 추하고 아롬다온 것과 상관 업는 줄을 가히 알겟도다.

〈참고〉 출처를 '가언'으로 명백히 밝힘.

◎ 제사십칠 공과, 알푸래드의 사긔라

네전에 영국에 한 지혜잇고 어진 님군이 잇스니 일홈은 알푸래
드[20]라. 그 째에 아모도 이 사람과 갓치 자긔 나라를 위하야 그러케
힘써 하리[21]가 업고 지금 왼 세상 사람이 이 님군을 알푸래드 대왕이

---

20) 알푸래드: 앨프레드 대왕(Alfred the Great 혹은 Ælfred the Great, 849~899년)은 영국의
앵글로와 색슨족을 하나로 뭉치게 한 왕으로 사실상 잉글랜드 통일을 이룬 주인공. 그는
에그버트 왕의 손자로, 영·프 해협의 북부에서는 9세기초의 수십 년 간에 앵글로색슨인의
왕국 중에서 웨섹스 왕국이 에그버트 왕 치하에 전국을 통일했다. 그러나 이 통일 국가는
9세기 반경에 런던, 캔터베리, 요크를 공격하여 전 영토를 황폐하게 만든 데인인의 바이킹
에 의해서 멸망되었다. 에그버트 왕의 계승자 앨프레드 대왕은 패배를 거듭한 후 바이킹에
결정적으로 승리하여 그들을 기독교로 개종시키는 데 성공했다. 그러나 후세에 데인로라
고 불리게 되는 잉글랜드의 북동부 일대의 지역을 바이킹이 영유하는 것을 인정하지 않으
면 안 되었다. 앨프레드 대왕은 행정적으로는 왕국을 주, 군, 10인조로 분할했고, 군사적으
로는 수많은 성채를 세우고 해군과 육군을 확대하면서 왕국의 조직화를 추진해갔다. 그는
재판 조직을 정비하고 관습법을 집대성하여 단일 법전을 편찬했다. 그는 또 훌륭한 문화인
이기도 하여 교육·학예를 융성시키고 스스로 라틴어의 여러 문헌을 앵글로색슨어로 번역
했다. 베다와 그 밖의 크리스트 교부들의 저작을 번역하였으며 보에티우스 등 고전 작가들
을 민중들에게 소개하기도 했다. 사후에는 전설시가의 주인공이 되었다. 그의 계승자들은
앨프레드가 착수한 일을 완성하여 데인로 전역을 복종시키는 데 성공했으나, 그 대신
이 지역의 백(伯)의 권한을 확대했기 때문에 일종의 봉건화의 단서를 열게 되었다. 그중
에드가는 처음으로 영국왕의 칭호를 얻었다. 그의 지배가 미친 곳은 예로부터 앵글로색슨
의 영역이었던 섬의 중부 및 동부 지역으로 스코틀랜드, 아일랜드, 웨일스도 독립해 있었다
고는 하지만 실제로는 그에게 종속되어 있었다. 교회가 행한 그레이트 브리튼 섬에서의
여러 가지 활동은 효과를 거두었다. 아일랜드에서는 전통을 가진 수도원 제도를 중심으로
하여, 또한 영국에서는 때로 왕의 보호를 받는 조직화된 사제들에 의해서 활동이 추진되었
다. (위키백과)

라 하더라.

　이 째에 왕의 몸이 평안치 못하엿스니 그 째에 항상 란리가 잇섯고, 또 이와 갓치 흥병하여 전장에 나아가리가 업섯시며 또 권세를 잡고 싸호는 사이에 과연 밧부더라. 한 쩨인쓰22)라 하는 사오나웁고 무례한 백성이 바다 건너로브터 와서 영국으로 더브러 싸홀 세 그들의 무리가 만코 또 그들의 용맹과 힘이 만하야 싸홈마다 니긔엿스니 만일 그들이 늘 이 모양으로 싸호면 오래지 아니하여 그 왼 나라가 다 이 원수들의 나라가 될 번하엿더라.

　그 큰 전장 후에 영국 군사가 패하여 각각 목숨을 보전하랴고 조흘 대로 다 도망하니 알푸래드 왕도 혼자 급히 수목 속으로 도망하더라. 그날 저물게 왕이 한 초군의 집으로 드러가니 매우 곤하고 또 주긴지라. 그 초군의 녀인다려 무엇 먹을 것과 잘 곳을 간청하니, 그 녀인이 그 째에 화로 우헤다 썩을 굽거늘 보매 그 집은 매우 빈궁하여 불상이 지내던 사람이더라.

　그 녀인이 본즉 한 람루한 사람이 주린 모양이나 그러나 님군인 졸은 생각지 못하엿더라. 그 녀인이 말하되 만일 네가 이 썩 굽는 거슬 잘 보면 저녁을 주리라. 나는 쇠젓슬 짜러 가니 내가 간 동안에 저 썩이 타나 보아라 하거늘, 알푸래드 왕이 비록 그 썩을 잘 보나 그러나 이외에 더 큰 일을 멀니 생각하여 엇더케 하면 가서 다시 그 군사를 모흘고. 엇더케 하면 가서 그 사오나온 쎄인쓰를 그 지경에서 내몰고 하여 주린 것도 닛고 썩도 뵈이지 안코 또 초군의 집에 잇는 줄도 니저서 명일에 쓸 계교를 쓰노라고 마음이 매우 밧부윗더라.

　한 동안 후에 그 녀인이 와서 보매 화로 우헤서 연긔가 나고 썩은

---

21) 하리: 할 이. 할 사람.

22) 쎄인스: 데인인(Danes)은 북게르만족의 일파로 지금의 남부 스웨덴과 덴마크에 거주했던 민족이다. 그들은 현재의 덴마크인들의 선조로 알려져 있으며, 그들로부터 덴마크란 나라의 이름이 유래되었다. 9~10세기 경에는 영국에 침입하여 그 일부가 정착하기도 하였다. (위키백과)

다 탓는지라. 그 녀인이 엇더케 성을 대단히 내엿는지 큰 소래로 꾸지
저 갈아대 이 게으른 자야. 네가 무어슬 하엿나뇨. 일은 허기 슬혀
하면서 무엇 먹기는 원하나뇨 하고 막대기로 싸리기도 하엿나니라.
그 녀인은 그 모양으로 꾸지지니 왕이 반다시 생각하고 우섯실지로다.

왕이 그 째에 만히 주렷스니 이 녀인이 썩으로 성냄을 조곰도 긔렴
치 안터라. 왕이 그 밤에 아모 것도 먹지 못하고 잣는지 아지 못하나
그러나 그 후 몃날이 못되여 그 군사를 다시 모흐고 쏘 그 쩨인쓰를
큰 전장에서 익이엿나니라.

〈참고〉 학부 편찬(1895), 『만국사략』 제4편 제12장에 '알프헤드' 기사를
수록함.

第十二章 英吉利

英國은 大西洋 北部의 東隅에 位ᄒ고 歐洲 大陸의 西方에 接ᄒᆫ 二大 島國
이라. (中略) 紀元前 五十五年에 羅馬의 元帥 쎄시이 쳐음 英倫에 侵入ᄒ야
征服ᄒ되 蘇格蘭(소격란, 스코틀랜드)은 오히려 野蠻의 巢窟로 其勢 猖獗ᄒ
야 羅馬人을 抗敵ᄒ야 羅馬의 勢ㅣ 漸衰ᄒᆷ애 各地의 酋長이 互相 呑噬(탄서)
ᄒ야 戰爭이 不絶ᄒ고, 其後에 日耳曼 人種, 앙글노 人과 삭손 人 等이 次第
로 海峽을 渡ᄒ야 英倫(영륜, 런던)에 遷徙ᄒ야 土人을 蘇格蘭과 威勒士(위
륵사, 브리튼)의 地方에 驅逐ᄒ고, 國內에 蔓延ᄒ니 此를 앙글노삭손 族이
라 名ᄒ나니 此族이 邦土를 分領ᄒ야 自爲 封建ᄒ고 드듸여 七小王國이 되
니라. 紀元 八百二十七年에 七國 中 우에 삭손 侯 에그버트라 ᄒᄂᆫ 者ㅣ 쳐
음 統一ᄒ야 英倫 全國을 合倂ᄒᆫ 故로 에그베트ᄂᆫ 英國 最始의 王이라 稱ᄒ
니라. 其後에 嚏馬人 民(런마인민: 데인인, 덴마크의 시조인 바이킹족)이
沿海에 數侵ᄒ야 百餘年 間에 脅掠(협략)이 不戡(불감)ᄒ거늘 紀元 八百七十
二年에 알프레드ㅣ 王位에 卽ᄒ야 嚏馬人을 破ᄒ고 文武의 治蹟이 多ᄒᆫ 故
로 國人이 仰ᄒ야 알프헤드 大王이라 稱ᄒ며, 有名ᄒᆫ 옥스포-드 大學校도
王의 新設ᄒᆫ 배라.

<참고> 게일(1903), 『유몽천자』 권3 第十一課 英君主大알부렛之中興, 第十二課 英君主大알부렛之中興 = 제10과에 같은 내용이 실림23)

八百七十一年에 大알푸렛시 嗣位ᄒ니 時年 二十三이라. 幼時에 再到羅馬ᄒ고, 暫遊巴里以歸ᄒ니 在兄弟中ᄒ야 年幼以最見寵於父母ㅣ러라. 當是時에 國惟淳庬(국유순방)ᄒ야 人不務學 故로 齠齡(초령) 十二에 尙不知書籍之如何ㅣ러니 一日은 其母氏 오슈버거ㅣ 與諸兒로 團坐ᄒ야 講明 싴션 詩篇ᄒ야 使之聽ᄒ니 之是篇은 非活版所所刊이라.

乃手之所寫者ㅣ오 兼於篇首卷末에 搭一畫ᄒ니 諸兒ㅣ 見甚愛之어늘 母ㅣ 曰 諸兒中 莫論昆季(곤계, 맏이와 막내)ᄒ고 詞峰之崒兀과 文欄之奇偉를 見輒先解者ᄂ 卽與此冊ᄒ리라 ᄒ니, 自此로 알부렛시 負笈從師ᄒ야 出乎類拔乎萃 故로 受此篇帙ᄒ야 至於老死토록 常目在玆ㅣ러라.

王이 卽位之初에 덴박 人이 侵寇于邊이어늘 統率三軍ᄒ고 親自九戰ᄒ야 常欲平和호ᄃ 덴막은 素是多詐反覆之國이라. 緩則進 急則退ᄒ야 雖以指環으로 誓死同埋나 非實心所出 故로 不踐所約ᄒ고 數入于境ᄒ야 燒人之家ᄒ며 劫人之貲러니 至于四年 冬ᄒ야 蹂躪國中ᄒ야 逼于잉길낸드 ᄒ니 國兵이 新破ᄒ고 敵勢猖獗ᄒ야 王無所歸라.

借着農人衣褐ᄒ고 避禍於牧者家中ᄒ니 牧者도 亦不知其爲王也러라. 一日은 主婆ㅣ 呼王炙餠이어늘 王之心이 深憂王室如熾ᄒ고 忘却餠之炒黑이러니 主婆ㅣ 歸見餠炒ᄒ고 大責曰 若이 無乃豚犬乎아. 何其敏於食以懶於事耶아 ᄒ고, 薄待滋甚이러라.

是時에 西土 人民이 敵王之愾ᄒ야 收散之卒ᄒ야 殲厥巨魁(섬궐거괴)ᄒ고 奪取繡鳥之旗(수오지기)ᄒ니 是旗也ᄂ 一父之女三兄弟ㅣ 一日織出者로 故로 덴막之所瞻仰(첨앙)이러니 一自被奪 後로 無不失望咄歎曰 我軍乘勝之日에 鳥飛天半ᄒ야 翽翽(홰홰)其羽ㅣ러니 一敗塗地 後로 瞻烏爰止컨ᄃ 于誰之屋고. 將不知其雌雄이라 ᄒ야 無復挑戰之心이러라.

---

23) 『유몽천자』의 문단 나누기는 편집자가 임의로 하였으며, 번역 가운데 일부는 오류가 있을 수 있음을 밝힙니다.

〈번역〉

871년에 대 앨프레드가 왕위를 이으니 이 때 나이 23세였다. 어렸을 때 로마에 다시 돌아가고 잠시 파리에 돌아오니 형제 중에서 나이가 어렸으므로 부모로부터 가장 총애를 받았다. 당시 나라는 유순하고 나약하여 사람들이 학업에 힘쓰지 않는 까닭에 이를 가는 나이인 12세에도 서적이 어떻게 생겼는지 알지 못하더니, 하루는 그 어머니 오슈버거가 여러 아이들을 모두 앉혀 놓고 색슨 시집을 읽어 듣도록 하니 그 책은 활판 인쇄소에서 간행한 것이 아니었다.

곧 손으로 베껴 쓴 것이요, 겸하여 첫째 권 끝에 그림 하나를 실었으니, 여러 아이들이 그것을 더욱 좋아하거늘 어머니가 여러 아이들 중 맏이와 막내를 물론하고 가사가 높고 올올하며 문장이 기위하여 먼저 깨우친 아이에게 그 책을 주겠다고 하였다. 이에 앨프레드가 짐을 지고 스승을 찾아서 그들 중에 뛰어난 지경에 이른 까닭에 이 책질을 받았는데 죽을 때까지 상상 눈 앞에 볼 수 있도록 하였다.

왕이 즉위 초에 덴마크 인이 변경을 침범하거늘 삼군을 통솔하고 스스로 아홉 번 싸워 평화를 얻고자 하였으나, 덴마크 인은 본래 속임이 많고 반복이 심하였다. 느리면 나아가고 급하면 물러나 반지로써 함께 죽자고 맹서하였으나 본래 진심에서 나온 것이 아니었으므로 약속을 실천하지 않고 수차례 변경을 침입하여 인가를 불태우고 재물을 겁탈하더니 4년에 이르러 나라 전체를 유린하여 잉글랜드를 핍박하니 나라의 군사가 파멸되고 적의 세력이 창궐하여 왕이 돌아오지 못했다.

농부의 옷을 빌려 입고 한 양치기의 집으로 화를 피하더니, 양치기도 또한 그가 왕인 것을 알지 못했다. 하루는 주인 노파가 왕을 불러 떡을 구으라 하거늘 왕의 마음이 왕실이 불탄 것을 심히 우려하여 떡이 타는 줄도 몰랐더니, 주인 노파가 돌아와 떡이 다 타버린 것을 보고 크게 꾸짖기를 그대는 개와 돼지만도 못하다. 어찌 먹는 데는 민첩하고 게으르기가 이와 같은가 하고, 박대하기를 더욱 심하게 하였다.

이 때 서양 인민이 왕의 분노에 맞서 흩어진 군졸을 모아 적의 괴수를

섬멸하고 수오기(繡烏旗)를 탈취하니, 이 깃발은 한 아버지의 딸 삼형제가 하루 동안 짜는 것이라, 덴마크 사람들이 우러러 보는 것이니 한번 피탈된 후로 다시 도발하지 못하고 탄식하며 말하기를 아군이 승승하는 날에 까마귀가 하늘 반을 날아 그 깃으로 날개를 치니 일패도지 후에 까마귀 바라보는 것을 그치고자 하나 누구의 집인지 장차 그 자웅을 알 수가 없도다 하니, 다시는 도전할 마음이 생기지 않았다. (제10과)

◎ 제사십팔 공과, 긔자의 사긔라

은나라 태사 별슬한 긔자는 주의 삼촌이라. 주가 무도한 일을 행하매 비간이는 간하다가 죽고 비자는 바리고 가거늘 긔자가 머리터럭을 푸러 헷치고 거즛 밋친 체하야 종이 되니라. 긔자가 항상 말하야 갈아대 은나라이 필경 망하리니 망한 후에 내가 신하가 되지 아니하리라 하더니, 주나라 무왕이 주를 치고, 도를 긔자씌 무르니, 긔자가 홍범 구주를 베플고 무왕씌 드리니 무왕이 긔자를 조선에 봉하야 신하 삼지 안는 쯧슬 뵈이더라.

긔자가 평양에 도읍하고 그 백성을 가라치되 례와 의와 누에 치는 것과 뵈 짜는 거사로써 하고 여덟 가지 약조를 베프러 백성을 인도하니, 세 가지는 금법이라. 첫재는 살인한 자는 당장에 죽는 거스로 갑고, 둘재는 남을 상한 자는 곡식으로 갑하주고 셋재는 도적한 자는 남녀가 그 집에 드러가 종이 되고 스사로 죄를 속하랴는 자가 잇스면 사람마다 돈 오십만을 드려서 비록 모면하나 그러나 그 째 풍속에 대단히 수치하게 넉이여 혼인하는대 방해가 되더라.

또 다삿 가지는 오륜이니 첫재는 부자유친이오 둘재는 군신유의오 셋재는 부부유별이오 넷재는 장유유서오, 다삿재는 붕우유시이라. 이러함으로 백성들이 밤에 문을 닷고 자지 아니하며 남녀간 정절이

잇서 음란치 안터라.

도읍을 정하고 밧과 들을 열어 정전법을 가라치니 백성이 부강하며 음식을 대그릇과 나무그릇에 먹으니 어진 덕화가 민간에 가득한지라. 백성들이 깃버하야 소래를 질너 질겨할새 대동강으로 중국에 황하수를 비유하고, 영명령으로 중국에 숭산을 비유하야 긔자의 넓은 은혜와 놉흔 덕을 칭송하더라.

긔자가 조선으로 나올 째에 중국 사람 오천 명을 거나리고 왓시니 시서와 례악과 의원과 무당과 음양 복술에 류들과 각색 장색과 긔계가 다 짜러 온지라. 조선에 니라매 언어를 통치 못함으로 번역하여 알게 하고, 시서를 가라쳐서 중국에 례악 법도와 부자와 군신의 도와 상하의 차례를 가라쳐 중국 풍교와 갓치 하야 문물이 중국과 갓하여스니 이거시 긔자의 유풍이라 하더라. 긔자의 산릉은 지금 평양부에 잇스니 대한 벼살 긔자릉 참봉이 잇나니라.

〈참고〉 학부 편찬(1895), 『조선역사』 권1 '기자기(箕子紀)'

箕子는 [姓은 子氏오 名은 胥餘라] 殷의 太師ㅣ오 紂의 諸父ㅣ니 武王이 商을 克ᄒ매 箕子ㅣ 東으로 朝鮮에 入ᄒ니 武王이 封ᄒ야 平壤에 都ᄒ니라. [子는 爵名이오 采를 箕에 食ᄒᆫ 故로 箕子ㅣ라 稱ᄒ니라.]

己卯 元年이라. [周 武王의 元年이라] 民를 禮樂을 敎ᄒ고 八條의 約을 施ᄒ다. 井田을 區畫ᄒ고 德政을 修ᄒ고 農桑을 勸ᄒ니 時和하고 歲豊ᄒᆫ지라. 朝野ㅣ 欣悅ᄒ야 歌를 作ᄒ야 써 德을 頌ᄒ니라.

壬午에 朝周홀식 素車와 白馬로써 故殷墟에 過ᄒ다가 感ᄒ야 麥秀歌를 作ᄒ니라.

戊午에 箕子ㅣ 薨(훙)ᄒ니 墓는 平壤에 在ᄒ니라.

〈참고〉 학부편찬(1895), 『조선역대사략』(한문본)의 기록에서는 맥수가(麥秀歌)를 포함하여 자세히 설명했음.

〈참고〉게일(1909), 『유몽천자』4(유몽속편) 서문과 제1과에 기자와 홍범을 자세히 설명함.

◎ 제사십구 공과, 신라 시조 혁거세 사긔라

신가국 시조의 성은 박이오 일홈은 혁거세라. 한나라 선제 오봉 원년 갑자 사월에(서양력 주 강생 전 오십칠년) 비로소 님군 위에 나가니 호를 거서간이라 하고, 그 째에 나히 열세 살이라. 처음에 조선 백성이 바다가에 와 산골에 난호와 살어 경주 짜에 여삿 동리를 창설하니 이거슨 진한에 륙부가 되나라. 하로는 고허촌에 사는 소벌 공이라 하는 사람이 양산을 바라보니 수목 속 우물가에 말 우는 소래 가 들니고 쏘 이상한 긔운이 잇거늘 곳 가서 보니, 말은 홀연이 간 곳이 업고 다만 큰 알만 잇는지라. 그 알을 쌧치고 보니, 알 속에서 어린 아해가 나와 총천 내물에 가 목욕하니 몸이 광채가 나고 새와 즘승이 모도 춤추며 호위하거늘 륙부 사람들이 그 생겨남이 신통하 고 이상하다 하야 거두워 기라더니, 이제에 니라러 세워 님군을 삼고, 성을 박이라 함은 처음에 생겨나던 알이 크기가 박만한 고로 성을 박이라 하니라.

연영[24]으로 왕비를 삼다. 처음에 룡이 연영 우물에 뵈이더니 올혼 편 갈비로 녀아해를 탄생하는지라. 늙은 할미가 이상히 녁여 거두워

---

24) 연영: 알영(閼英).

기라고 일홈을 연영이라 하엿더니 밋 자라매 덕행이 잇는지라. 왕이 듯고 불너 왕비를 삼으니 능히 어진 행실이 잇는 고로 백성들이 말하기를 두 성인이라 하더라. 그러나 이 말은 유전쑨이니 분명치 못하고 가히 밋고저 하다가 왕이 신통한 덕이 잇단 말을 듯고, 그저 도라오고 쏘 악랑25) 사람이 군사를 거나리고 신라 지경에 드러와 본즉 백성들이 밤에 문을 닷지 안코 자며 로적이 들에 가득히 싸히엿거늘 그들이 서로 닐너 갈아대 이 나라는 백성들이 도적질 아니하며 참도가 잇는 나라를 우리가 가만히 군사를 모하 음습하면 도적과 다람이 업스니 엿지 붓그럽지 아니하리오 하고 스사로 도라가니라.

이 일을 보면 <u>그 님군이 처음 생겨는 것은 알 수 업스나 덕이 잇슴은 가히</u> 알너라.

〈참고〉 학부 편찬(1895), 『조선역사』 권1 三國 新羅·高句麗·百濟

新羅[新者ᄂ 德業이 日로 新ᄒᆞᄆ를 稱홈이오 羅者ᄂ 四方을 網羅ᄒᆞᄆ를 稱홈이라]

赫居世ᄂ [姓은 朴氏오 名은 赫居世라] 在位 六十一年이라. 初에 朝鮮 遺民이 東海濱에 分居ᄒᆞ야 君長이 無ᄒᆞ더니 一兒ㅣ 有ᄒᆞ야 形儀ㅣ 端美ᄒᆞ고 身에 光彩ㅣ 生ᄒᆞᄂ지라. 人이 그 神異ᄒᆞᄆ로써 收養ᄒᆞ야 立ᄒᆞ야 君을 삼으니 時年이 十三이라. 그 生ᄒᆞᆯ 찌 大弧의 異가 잇스므로 朴으로써 姓을 삼고 辰韓 地에 都ᄒᆞ니라. [辰韓은 今 慶州라, 東國 方言에 弧로써 朴이라 ᄒᆞ니라]

甲子 元年이라. [漢 宣帝의 五鳳 元年이라] 戊辰에 關英을 立ᄒᆞ야 爲妃ᄒᆞ다. 辛未에 日本이 邊을 侵ᄒᆞ다가 王이 神德이 有ᄒᆞᄆ를 聞ᄒᆞ고 乃還ᄒᆞ다. 壬午에 弁韓이 國으로 써 來降ᄒᆞ다.

＝＝혁거세 시대에 일본의 내침설의 근원은???

---

25) 악랑: 낙랑(樂浪). 대한국민교육회(1906)의 『초등소학』 권7 제14과에서는 일본과 낙랑 관련 기사를 게재함.

〈참고〉 학부편찬(1895), 『조선역대사략』(한문본)의 기록은 좀 더 자세함. 혁거세 8년 왜구 내침/한서 등 인용＝이 시기 역사의식 조명이 필요함.

〈참고〉 대한국민교육회(1906), 『초등소학』권7 제14과 新羅 太祖 赫居世
新羅는 箕氏 朝鮮의 後를 繼혼 王國이니 其 開國 紀元은 西曆 紀元前 五十
七年이라. 其國 太祖의 姓은 朴이오 名은 赫居世니 王位에 卽ᄒ실 時에 春秋
가 十三이오 號는 居西干이라 稱ᄒ니라.

是에 先ᄒ야 朝鮮人이 海邊과 山間에 分居ᄒ야 慶州地方에 六村을 創設ᄒ
니 此는 辰韓의 六部라 稱ᄒ는 者라. 王이 楊山에서 誕生ᄒ엿더니 其幼時에
高墟村에 居ᄒ는 蘇伐公이 養育ᄒ야 年이 十三에 及ᄒ미 甚히 夙成ᄒ며 神
聖혼지라. 於是에 六部의 人民이 馬韓과 分離ᄒ야 王을 立ᄒ야 君長을 삼고
國號를 新羅라 ᄒ며 都城을 徐耶伐이라 稱ᄒ니 今日에 都城을 셔울이라 홈
은 此에서 流傳홈이러라.

王의 后는 閼英(알영)이니 閼英井 傍에셔 生홈으로 閼英이라 名ᄒ니 極히
仁聖홈으로 時에 王과 后를 稱ᄒ야 二聖이라 ᄒ니라.

王이 國을 다스리미 德化가 大行ᄒ야 風俗이 極히 善美혼지라. 是以로
日本人이 來侵ᄒ다가 王의 聖德을 聞ᄒ고 退去ᄒ며 又 樂浪人이 來襲ᄒ다가
人民이 夜에 門을 開ᄒ며 野에 穀을 積홈을 見ᄒ고 스스로 感化ᄒ야 退去ᄒ
니라.

◎ 제오십 공과, 백제 시조 온조의 사긔라

주 강생 전 십팔년 봄에 백제 시조 고은조ㅣ 서니 이는 온조왕이라. 처음에 고구려 왕 주몽이가 졸본 부여로 란을 도망하여 왓더니 졸본 부여 주의 둘재 짤의게 장가들고 쏘 왕의 위를 니여 두 아달을 나흐니 장자의 일홈은 비류요 다음 아달의 일홈은 온조ㅣ라. 밋 례씨의 생한 류리가 고구려 태자가 되매 비류 형제가 태자를 용납지 아니할가 두려워하야 오간과 마려의 무리 십팔인으로 더브러 남으로 도망하야 한산에 니라러 위례성으로 가서 성을 싸코 거하더니, 비류는 그 백성을 바다가 미추홀(즉금 인천부)에 거하게 하고, 온조는 하남 위례성 (즉금 광주부)에 도읍을 정하고 열 신하로써 재상을 삼고, 나라 일홈을 십제라 하더니, 그 후에 비류 거하는 미추홀은 싸히 습하고 물이 짜매 평안이 거하지 못하고, 위례성에 와서 본즉 인민이 평안하고 도읍이 임의 정하엿는지라. 붓그럽고 분하야 스사로 죽으니, 이에 그 백성이 다 위례성에 도라가는지라. 다시 국호를 정하야 백제라 하고, 쏘 지경을 정할새 북은 패하(즉금 곡산릉 성강이라)에 니라고 남은 웅천(즉금 공쥬부ㅣ라)이오 서는 큰 바다히오, 동은 주양(즉금 순천부ㅣ라)에 니라더라. 백제 사긔가 대강 니러하니 동극력사를 자세히 보라.

〈참고〉 학부편찬(1895), 『동국역사』 권1 三國 新羅·高句麗·百濟

甲申에 高朱蒙이 國號를 建ㅎ야 高句麗라 ㅎ고, 卒本扶餘에 都ㅎ야 自立ㅎ야 東時王이 되니 在位 十九年이라. [高朱蒙은 東扶餘王의 女婿오, 卒本扶餘는 今 成川이라]

壬寅에 高句麗王이 薨ㅎ고 太子 類利ㅣ 立ㅎ니 卽 瑠璃王이라. [名은 類利니 東明王의 太子라] 在位 三十六年이라.

癸卯에 高溫祚ㅣ 國을 慰禮城에 建ㅎ고 國號를 百濟라 ㅎ고, 自立ㅎ야 溫祚王이 되니 在位 四十六年이라. [溫祚는 朱蒙의 第二子오, 慰禮城은 今 稷山이라]

(이 교과서는 편년체를 따라 삼국의 기사를 국가별로 기술하지 않고 연대순을 고려하여 기술하였음.=백제 기사에서는 온조 이외의 신화적 설명은 부가하지 않았음)

〈참고〉 학부편찬(1895), 『조선역대사략』(한문본)의 기록은 좀 더 자세함. =조원시(1903)의 기록과 유사함.

〈참고〉 현채(1907), 『유년필독』 권1 제2과 '나라'에서 온조와 십제 관련 기술이 약간 나타남.

◎ 제오십일 공과, 고구려 시조 주몽에 사긔라

고구려 히조의 성은 고씨오 일홈은 주몽이라. 처음에 부여왕 해부루가 늙고 아달이 업거늘 산천에 긔도하여 아달 낫키를 원하더니 하로는 왕의 탄 말이 곤연(못 일홈)에 니라러 큰 돌을 보고 서로 대하여 눈물을 흘니거늘 왕이 괴히 넉여 사람으로 하여곰 그 돌을 굴니니 어린 아해가 잇스되, 얼골 빗찬 황금 갓고 모양은 개고리 갓한지라. 왕이 깃버하여 갈아대 이는 하날이 내게 아달을 주삼이라 하고, 이에 거두어 기라고, 일홈을 금와(금개고리 갓단 말이라)라 하엿더니, 밋 장성하매 세워 태자를 삼으니라.

그 후에 그 정승 아난불이 왕끠 고하여 갈아대 저거번에 하날이 내게 닐너 갈아사대 장찻 내 자손으로 하여금 이 싸에 나라를 세울 테니 너희는 폐하야 동해변가 가섭원으로 가라. 그 쌍이 걸고 기람저서 오곡이 잘 될 테니 가히 도읍할 만하리라 하시더이다 하고, 왕을 권하야 도읍을 옴기고 국호를 동부여라 하니라.

밋 해부루왕이 죽으매 금와가 위를 이엇더라. 이 째에 금와가 한 여자를 태백산 남편 우발수에서 엇으니 안해로 삼고 아달 주몽이를 낫나니라. 나히 겨오 칠세 되엿슬 째에 능히 활을 만다러 쏘니 백발백중하는지라. 그 째 부여국 풍속 말이 활 잘 쏘는 거슬 주몽이라

하는 고로, 활 잘 쏨을 인하야 일홈을 주몽이라 하니라.

금와가 아달 일곱을 낫스니 항상 주몽으로 더브러 놀 째에 그 재조와 능이 다 주몽을 당할 수가 업는지라. 금와의 장자 대소ㅣ 왕씌 말하여 갈아대 주몽은 사람의 소생이 아니오, 쏘 위인이 용맹스러오니 만일 일직이 제어치 안하면 후환이 잇슬가 하노이다 하니, 왕이 듯지 안코 주몽으로 하여곰 말을 기라게 하니, 주몽이 그 뜻을 알고 그 크고 날낸 말들은 감하여 먹여 마라게 하고, 그 파리하고 노둔한 자는 잘 먹여 살지게 하엿더니, 왕이 들에 가 산양할새 산질 말을 자긔와 자긔의 아달을 주고, 파리한 자는 주몽을 주며, 쏘 주몽은 활을 잘 쏜다 하여 화살을 적게 주는지라.

그러나 주몽이 즘생은 제일 만히 엇으니 왕의 아달과 모든 신하들이 시긔하야 주몽 죽이기를 씌하더라. 주몽의 모친이 그 씌를 알고 주몽다려 닐너 갈아대 이 나라 사람들이 너를 해롭게 하랴 하니, 네 재죠로 어대를 가면 못 살니오. 여긔를 써나 욕을 맛나지 말고, 멀니 가라 하니, 주몽이 이에 그 벗 조이와 마이와 협보 등 삼인으로 작반하야 압녹강에 니라니, 건너가고저 하되 다리가 업고, 쏫차오는 군병은 거의 밋게 되엿는지라. 강물을 보고 닐너 갈아대 나는 천제자오 쏘 하백의 외손이라. 오날날 도망하다가 쏫는 병정의게 죽게 되엿스니 엇지할고 한 대, 홀지에 무수한 고기와 자라가 써나와 다리를 일우거늘, 주몽이 겨오 건너매 고기와 자라가 풀녀가니 쏫는 사람이 바라보고 건너지 못하더라.

주몽이 행하여 모둔곡에 니라러 세 사람을 맛나니 한 사람은 마포 옷슬 입고, 한 사람은 장삼을 입고, 한 사람은 물마람 옷슬 입엇더라. 주몽이 물어 갈아대 그대는 엇더한 사람이며 성은 무어시며 일홈은 무엇이오 하니, 마포 입은 자는 갈아대 내 일홈은 재사ㅣ로다. 장삼 입은 자는 갈아대 내 일홈은 무골이로다. 마람옷 입은 자는 갈아대 내 일홈은 믁거ㅣ로다 하고, 성은 다 말하지 안커늘 주몽이 그 세 사람의 성을 주되 재사의 성은 극씨오, 무골의 성은 중씨오, 믁거의

성은 소설씨라 하고, 무리의게 고하야 갈아대, 내가 지금 천명을 밧아 큰 긔업을 세우랴 하더니, 맛참 이 어진 사람 세슬 맛나니 엇지 하나님이 주신 바ㅣ 아니리오 하고, 각각 그 재능을 혜아려 일을 맛기고, 갓치 졸본에 니라러 그 지형을 삷혀보니 흙이 윤택하고 아름다오며 산천이 굉장하고 수려한지라. 그 싸에 도읍하고저 하되 궁실을 지을 겨를이 업서 다만 비류수(물 일홈이라) 우혜 굿쳐 거하고 국호를 고구려라 하더라.

이 째에 주몽이 나히 이십이세니 주 강생 전 삼십칠년 한나라 원제 건소 이년이오, 신라 시조 혁거세의 이십일년 갑신이라. 사방이 듯고 와서 붓치는 자ㅣ 만터라. 그 싸이 말갈을 련하니 도적의 해 됨이 잇슬가 하여 물니치되 말갈이 두려워하야 감히 범하지 못하더라.

하로는 왕이 비류물 가온대에 나모 닙사귀가 써나려 옴을 보고 그 상류에 사람이 잇는 줄 알고 산양하는 길에 차저가 비류국에 니라니, 그 나라 님군 송양이 갈아대 과인이 바다 모통이에 궁벽이 잇서 일직이 군자를 보지 못하엿더니 오날날 우연이 서로 맛나니 다행하도다. 그러나 군자는 어대로좃차 왓나뇨. 주몽이 대답하되 나는 천제자로써 아모곳에 와 도읍하엿노라 하니, 송양이 갈아대 나는 여러 대를 이 싸에서 님군 노랏하매 쌍이 좁아 능히 용납할 수 업거니와 그대는 도읍한 지가 얼마 되지 못하니, 우리나라에 부용함이 가하니라 한대, 주몽이 그 말을 듯고 분하야 말노 서로 닷토다가 쏘 활을 쏘아 재조를 시험하니 송양이 능히 이긔지 못하고, 그 이듬해에 와 황복하니 그 싸으로 다물도를 삼고 송양을 봉하야 님군을 삼으니라. 이 사긔는 가히 밋을 수 업시나 다만 삼국유사에 잇는 말을 긔록하노라.

〈참고〉 학부편찬(1895), 『동국역사』 권1 三國 新羅·高句麗·百濟

〈참고〉 학부편찬(1895), 『조선역대사략』(한문본)의 기록은 좀 더 자세함
＝ 조원시 기록과 유사함.

<참고> 대한국민교육회(1906), 『초등소학』 권7 제21과 高句麗史

高句麗 太祖의 姓은 高오 諱ᄂ 朱蒙이니 初에 扶餘王 解扶婁(해부루)가 年老토록 子가 無ᄒ더니 一日은 王의 馬가 逸ᄒ야 鯤淵(곤연)에 至ᄒ야 大石을 當ᄒ야 立ᄒ거늘 王이 怪異히 넉여 大石을 見ᄒ니 石下에 一小兒가 有ᄒ야 面色은 黃金과 如ᄒ고 形貌ᄂ 蛙와 同ᄒ거늘 王이 大喜ᄒ야 曰 此ᄂ 天이 朕의게 兒子를 賜ᄒ심이라 ᄒ고 金蛙라 名ᄒ니라.

金蛙가 長成ᄒ야 太子가 되야 解扶婁의 後를 承ᄒ야 王이 되며 柳花라 ᄒᄂ 女子를 娶ᄒ야 后를 삼어서 朱蒙을 生ᄒ니 朱蒙이라 名홈은 當時에 弓을 善射ᄒᄂ 者를 朱蒙이라 ᄒ거늘 朱蒙이 弓을 善射홈이러라.

朱蒙의 兄弟가 七人이 有ᄒ나 其 才能이 다 朱蒙에 及지 못ᄒ야 其父의게 讒誣(참무)ᄒ야 殺害코져 ᄒ거늘 朱蒙이 그 親信ᄒᄂ 者 三人으로 더부러 逃走홀ᄉ 淸河水에 至ᄒ 則 舟가 無ᄒ고 追兵은 及ᄒ더니 忽然히 水中에셔 魚鼈(어별)이 相聚ᄒ야 橋를 成홈으로 急渡ᄒ얏다 ᄒ니라.

朱蒙이 드듸여 卒本扶餘에 至ᄒ야 王이 되며 國號를 高句麗라 稱ᄒ니 時ᄂ 新羅 太祖 赫居世 二十一年이러라.

王이 四方을 征服ᄒ야 領土를 開拓ᄒ고 衛滿이 失ᄒ 故地를 恢復ᄒ며 更히 支那의 地를 領有ᄒ야 今日 支那의 盛京 吉林에 至ᄒ얏더라.

如是히 國을 傳ᄒ지 七百餘年에 至ᄒ야 新羅에게 亡ᄒ니라.

『국문독본』 각 공과의 텍스트 분석표

번호	공과	제목	문종	소재	내용	출처	출처 권수	특징	달라진 점	기타	영향
1	제일공과	여호라	설명	여우	여우의 생태	신정심상소학	권2 제6과	이치	동일	이치	
2	제이공과	나모 리치라	설명	나무	나무의 생태	신정심상소학	권2 제7과	이치	동일	이치	
3	제삼공과	기름이라	설명	기름	기름의 종류와 용도	신정심상소학	권2 제8과	실용	실용성 첨가	실용	
4	제사공과	술이라	논설	술	술의 폐단과 금주	없음	없음	교훈	없음	수신 (금욕)	
5	제오공과	소곰이라	설명	소금	소금의 유용성	신정심상소학	권2 제11과	실용	교훈성 첨가	수신 (가치)	
6	제륙공과	달팽이라	설명	달팽이	달팽이의 생태와 교훈	신정심상소학	권2 제24과	교훈	교훈성 첨가	수신 (근면)	
7	제칠공과	누에라	논설	누에	누에의 생태와 교훈	신정심상소학	권2 제5과	종교성	종교성 첨가	수신	
8	제팔공과	호랑의 니야기라	우화	호랑이	호가호위+호랑이의 지혜	신정심상소학	권3 제6과	교훈	교훈성 첨가	지혜	
9	제구공과	인의례지신이라	설명	인의예지신	인의예지신의 가치	신정심상소학	권3 제9과	교훈	내용 화대	수신 (오상)	
10	제십공과	동모라	논설	동무	친구를 가려 사귀는 이유	신정심상소학	권2 제10과	교훈	동일	수신 (친구)	
11	제십일공과	소야도풍의 니야기라	일화	소야도풍 (일본인)	소야도풍의 인내와 학업	신정심상소학	권2 제12과	교훈	동일	인내	
12	제십이공과	단군의니야기라	역사	단군	단군사적 (신화와 도읍)	조선역사, 조선역대사략	단군기	역사	이야기 중심	단군 신화와 도읍	
13	제십삼공과	사마온공의지혜	일화	사마온공 (중국)	사마온공의 지혜(독에 빠진 아이 구하기)	신정심상소학	권2 제18과	교훈	동일	지혜	
14	제십사공과	여호란 즘승과 괴의 니야기라	우화	여우와 괴	여우가 괴를 비웃다가 사냥개에게 잡힌 이야기	신정심상소학	권2 제19과	교훈	동일	겸손	
15	제십오공과	가마귀가 조개를 먹은 니야기라	우화	까마귀와 조개	까마귀가 조갯살을 먹기 위해 지혜를 발휘함	신정심상소학	권2 제25과	교훈	동일	지혜	
16	제십륙공과	무식한 사람이라	민담	무식한 사람	힘들다고 직업을 자주 바꾸는 사람	신정심상소학	권2 제25~26과	교훈	동일	인내	

17	제십칠공과	거북과 뽕나모의 니야기라	우화	거북과 뽕나무	거북과 뽕나무가 말조심을 하지 않아서 죽게 된 이야기	없음	없음	교훈	없음	수신(말조심)	
18	제십팔공과	조혼나모와울지못하는오리라	우화	나무와 오리	나무가 곧아서 일찍 베히고 오리가 울지 못해 죽게 됨	없음	없음	교훈	없음	수신(분수)	
19	제십구공과	눈 먼 개고리 니야기라	우화	개구리와 자라	좌정관천	없음	없음	교훈	없음	수신(학문)	대한국민교육회(1906), 초등소학 권6 제5과
20	제이십공과	산이대답한소래라	민담	산울림	메아리의 생리	신정심상소학	권2 제29~30과	교훈	동일	수신(처세)	
21	제이십일공과	사슴이믈을거울삼음이라	우화	사슴	사슴이 못났다고 생각한 다리 덕분에 도망하다가 잘났다고 생각한 뿔 때문에 죽게 된 이야기	신정심상소학	권2 제31과	교훈	동일	수신(분수)	
22	제이십이공과	왕상의효심이라	일화	왕상(중국)	왕상의 효도	삼강행실도	왕상	교훈	이야기중심	수신(효)	
23	제이십삼공과	백이와숙세의충심이라	역사	백이숙제(중국)	백이숙제의 충	없음	없음	교훈	이야기중심	수신(충)	
24	제이십사공과	생각할 일이라	일화	난희와 문지신(가상인물)	난희가 동생 문지신에게 여우, 닭, 곡식을 옮겨야 하는 농부의 상황을 문제로 제시함	신정심상소학	권2 제32과	교훈	동일	지혜	
25	제이십오공과	사시라	설명	사계절	사계절 설명	신정심상소학	권3 제25과	이치	동일	이치	
26	제이십륙공과	맹자의 모친이 맹자를 가라친 말이라	일화	맹자의 어머니	맹모삼천지교	없음	없음	교훈	없음	교육	휘문의숙(1906), 고등소학독본 권1 제9과
27	제이십칠공과	교군군의 니야기라	민담	가마꾼	게으른 교군군을 깨우친 주인의 이야기	없음	없음	교훈	없음	수신(근면)	
28	제이십팔공과	개암이와비닭이가은혜갑흔니야기라	우화	개미와 비둘기	개미가 비둘기의 은혜를 갚음	없음	없음	교훈	없음	수신(보은)	대한국민교육회(1906), 초등소학 권6 제18과
29	제이십구공과	라귀 니야기라	우화	나귀	사자의 탈을 쓴 나귀의 어리석음	없음	없음	교훈	없음	수신(겸손)	대한국민교육회(1906), 초등소학 권4, 소년 제2권 제10호(1909) 이솝 우화

30	제삼십공과	지룡이와귀뜨람이니야기라	우화	지렁이와 귀뚜라미	외모만 욕심 낸 지렁이와 광명을 얻은 귀뚜라미	없음	없음	교훈	없음	수신 (분수)
31	제삼십일공과	일년에달과날이라	논설	새해맞이	새해맞이의 의미	신정심상소학	권3 제26~27과	교훈	교훈성 첨가	수신(학문, 근면)
32	제삼십이공과	양생이라	논설	양생의 의미	몸관리를 잘해야 하는 이유	신정심상소학	권3 제30과	교훈	종교성 첨가	수신 (종교)
33	제삼십삼공과	사람의마음을 회개식힌저울이라	민담	욕심 많은 아이	친구에게 나누어 줄 수박을 혼자 차지 하려 다 가 저울 무게 때문에 욕심을 버려 야 하는 아이	신정심상소학	권3 제8과	교훈	동일	수신 (분수)
34	제삼십사공과	쥐의효심이라	우화	쥐의 효심	눈먼 쥐를 봉양하는 쥐	신정심상소학	권3 제9과	교훈	동일	수신 (효)
35	제삼십오공과	새되기를원하는문답이라	민담	교사의 문답	꾀꼬리, 원앙새를 선택한 난희, 숙희에 비해 효도를 아는 까마귀가 되고 싶다고 대답한 정희 이야기	신정심상소학	권3 제13과	교훈	동일	수신 (효)
36	제삼십륙공과	독겁이와파초가문답한말이라	우화	두겁이와 파초	두꺼비가 파초를 부러 워 하다 가 자신의 처지를 알 게 됨	없음	없음	교훈	없음	수신 (분수)
37	제삼십칠공과	다람쥐니야기라	우화	다람쥐	조삼모사의 고사	없음	없음	교훈	없음	지혜
38	제삼십팔공과	나나니니야기라	우화	나나니 (벌)	개미와 베짱이 고사	없음	없음	교훈	없음	수신 (근면)	대한국민교육회(1906), 초등소학 권5 제27과
39	제삼십구공과	박쥐니야기라	우화	박쥐	박쥐의 처세	없음	없음	교훈	없음	수신 (신의)	대한국민교육회(1906), 초등소학 권5 제25과
40	제사십공과	파리니야기라	우화	파리	욕심 많은 파리 가 꿀 속에서 죽은 이야기	신정심상소학	권1 제25~26과	교훈	종교성 첨가	수신 (분수)
41	제사십일공과	솔개니야기라	우화	솔개와 봉황	봉황의 뜻을 모르는 솔개의 어리석음	없음	없음	교훈	없음	문명개화, 교육, 구습 타파
42	제사십이공과	솔개와 조개니야기라	우화	솔개와 조개	방휼지쟁의 고사	신정심상소학	권2 제25과	교훈	없음	경쟁과 협동
43	제사십삼공과	리순신의지혜라	역사	이순신	이순신의 지혜	없음	없음	교훈	없음	지혜	유년필독 권3 제21과, 휘문의숙(1907, 고등소학수신서 제4과

44	제사십사 공과	선생이제자의 지혜를본니야 기라	일화	스승과 제자	학교를 가득 채울 방안에 대해 숙제를 낸 스승 과 기름으로 불 을 밝히고자 한 제자의 지혜	없음	없음	교훈	없음	지혜	휘문의숙 (1906), 고등소 학독본 권1 제 20과 암실
45	제사십오 공과	괴가원숭의게 재판한니야기 라	우화	괴와 원숭이	원숭이를 재판한 고양이 이야기	없음	없음	교훈	없음	수신 (분수)	
46	제사십륙 공과	아홉구뷔구실 쉰니야기라	역사	공자	박색을 타박하다 가 여인으로부터 도움을 받아 양 호의 난의 피해 를 극복한 공자 이야기	공자가어	없음	교훈	없음	수신 (분수)	
47	제사십칠 공과	알푸래드의사 그라	역사	앨프레드	영국 앨프레드 대왕의 사적	만국사략	제4편 제12장 알프헤드	교훈	이야기 중심	수신 (용기, 인내)	같은 시기 게일 (1904), 유몽천 자 권3 제11과 영군주대알부 렛지중흥
48	제사십팔 공과	긔자의사긔라	역사	기자	기자 사화	조선역사, 조선역대 사략	조선역사 권 1 기자기	민족	이야기 중심	문명주의 (개명)	
49	제사십구 공과	신라 시조 혁거세 사긔라	역사	혁거세	혁거세 사화	조선역사, 조선역대 사략	조선역사 권 1 삼국 신라 고구려 백제	민족	이야기 중심	문명주의(덕치)	대한국민교육 회(1906), 초등 소학 권7 제14 과
50	제오십 공과	백제 시조 온조의 사긔라	역사	온조	온조 사화	동국역사, 조선역사, 조선역대 사략	조선역사 권 1 삼국 신라 고구려 백제	민족	이야기 중심	민족 자주성	현채(1907), 유 년필독 권1 제2 과 '나라'에서 일부만 언급
51	제오십일 공과	고구려 시조 주몽에 사긔라	역사	고주몽	주몽 신화	삼국유사	동국역사 권 1, 조선역대 사략 등	민족	이야기 중심	민족 자주성	대한국민교육 회(1906), 초등 소학 권7 제21 과 고구려사

조 해버 존스 著 · 미이미교회 책판

국문독본

(원전)

자를보지못하엿더니 오날날우연이서로맛나니 다행하도다 그러나군자는

어대로좃차왓나뇨 주몽이대답하되 나는천제자로써 아모곳에와도읍하엿

노라하니 송양이갈아대나는여러대를이싸에서 님군노랏하매 쌍히좁아능

히용납할수업거니와 그대는도읍한지가얼마되지못하니 우리나라에부용함

이가하니라한대 주몽이그말을듯고분하야 말노서로닷토다가 쏘활을쏘아

재조를시험하니 송양이능히긔지못하고 그이듬해에와황복하니 그싸으

로다물도를삼고 송양을봉하야님군을삼으니라 이사긔는가히밋을수업시나

다만삼국유사에잇는말을긔록하노라

더 한사람이며 성은무어시며 일홈은무엇이 오하니 마포업은자 는갈아대

내일홈은재사ㅣ로다 장삼업은자 는갈아대 내일홈은무골이로다 마람옷업

은자 는갈아대 내일홈은묵거ㅣ로다하고 성은다 말하지 안커늘 주룡어그셰

사람의성을주되 재사의성은곡씨오 무골의성은즁씨오 묵거의성은소셜씨

라하고 무리의게묘하야갈아대 내가지금쳔명을밧아 큰괴업을셰우랴하더

니 맛참이어진사람세슬맛나니 엇지하나님이주신바ㅣ아니리오하고 각각

그재능을혜아려일을맛기고 갓치줄본에나리라그지형을삷혀보니 흙이윤택

하고 아름다오며 산천의광장하고 수려한지라그싸에도읍하고저하되 궁

실을지을겨를이업서 다만비류수(이리 물일홈)우혜굿쳐거하며 국초틀고구려라하

더라 이뛰에 주몽이나히이십일셰니 주강생전삼십칠년

이년이오 신라시조혁거셰의이십일년갑신이라 사방이듯고와서붓처는자ㅣ

만터라 그싸이말갈을련하니도적의해됨이잇슬가하여 물니치되 말갈이두

려워하야감히범하지못하더라 하로는왕이비류물가온대 나모닙사귀가뻐

나려옴을보고 그상류에사람이잇는줄알고 산양하는길에 차져가비류국에

니라니 그나라님군송양이갈아대과인이 바다모룽이에궁벽이잇서일즉이군

면 후환이잇슬가하노이다하니 왕이듯지안코 주몽으로하여곰말을기라게

하니 주몽이그뜻을알고 그크고날낸말들은감하여먹여마라게하고 그파리

하고노둔한자는 잘먹여살지게하엿더니 왕이들에가산양할새 살진말을자

긔와자긔의아달을주고파리한자는주몽을주며 또주몽은활을잘쏜다 하여화

살을적게주는지라 그러나주봉이즘생은 제일만히엇으니 왕의아달과모든

산하들이시긔하야 주몽죽이기를쎄하더라 주몽와모천이그뻬를알고 주몽

다려닐너갈아대 이나라사람들이너를해롭게하랴하니 내재죠로어대를가면

못살니오 여긔를쎠나욕을맛나지말고 멀니가라하니 주몽이이에그벗조이

와마이와협보등삼인으로 작반하야압녹강에니라니 건너가고져하되다리가

업고 쏫차오는군병은 거의밋게되엿는지라 강물을보고닐너갈아대나는천

제자오 또하백의외손이라 오날날도망하다가쏫는병정의게속베되엿스니 잇

지할표한대 홀지에무수한고기와자라가 써나와다리를일우거늘 주몽어져

오건너매 고기와자라가풀녀가니 쏫는사람이바라보고건너지못하더라 주몽

이행하여모둔곡에니러러 셰사람을맛나니 한사람은마포옷슬입고 주몽

은장삼을입고 한사람은둘마람옷슬입엇더라 주몽이물어갈아대 그대는엇

123

이곤연(못일홈이라)에니라러큰돌을보고　서로대하여눈물을흘니거늘　왕이피히녁

여사람으로하여곰　그돌을굴니니　어린아해가잇스되　얼굴빗찬황금갓고　모

양은개고리갓한지라　왕이깃버하여갈아대　이는하날이내게아달을주삼이라

하고　이에거두어기라고　일홈을금와(금개고리갓단말이라)라하엿더니　밋장성하매세

날이　내게닐너갈아사대　장찻내자손으로하여곰　이싸에나라를세울데니너

희는폐하야　동해변가가섭원으로가라　그쌍이걸고기람저서　오곡이잘될데

니　가히도읍할만하리라하시더이다하고　왕을권하야　도읍을옴기고　국호

를동부여라하니라　밋해부루왕이죽으매　금와가위를이엿더라　이째에금와

가한녀자를　태백산남편우발수에서엇으니　안해로삼고아달주몽이를낫니

라　나히겨오칠세되엿슬때에　능히활을만다러쏘니　백발백중하는지라　그

때부여국풍속말에　활잘쏘는거슬주몽이라하는고로　활잘쏨을인하야　일홈

을주몽이라하니라　금와가아달일곱을낫스니　항상주몽으로더브러놀때에그

재조와능이　다주몽을당할수업는지라　금와의장자대소ㅣ왕쎄말하여갈아대

주몽은사람의소생이아니오　쏘위인이용맹스러오니　만일일직이제어치안하

음아달의 일홈은온조ㅣ라 밋뎌씨의 성한류리가 _{고구려태자가되매} 비류형

제가태자를용납지아니할가두려워하야 오간과마려의무리십팔인으로더브러

남으로도망하야 한산에니르러 위례성으로가서성을싸코거하더니 비류는

그백성을바다가미추홀 _(죽남인) 에거하게하고 온조는하남위례성 _(주금팡) 에도

읍을정하고 열신하로써재상을삼고 나라일홈을십제라하더니 그후에비류거

하는미추홀은싸히습하고물이싸매 평안이거하지못하고 위례성에와서본즉

인민이평안하고 도읍이임의정하엿는지라 붓그럽게분하야스사로죽으니 이

에그백성이다위례성에도라가는지라 다시국호를정하야 백제라하고 쏘지

경을정할새 북은패하 _(성강이라) 에니라고 남은웅천 _(쥬부라) 이오 서는큰바

다히오 동은주양 _(죽금군천부라) 에니라더라 백졔사긔가대강니러하니 동국력사를

자세히보라

○ 제오십일꽁과 고구려시조주몽어사긔라

고구려시조의성은고씨오 일홈은주몽이라 처음에부여왕해부루가 늙

고아달이업거늘 산천에긔도하여 아달낫키를원하더니 하로는왕의탄말

125

박이라하니라 연영으로왕비를삼ᄃ 처음에룡이연영우불에뵈이더니 울혼

편갈비로녀아 해를탄생하는지라 늙은할미가이상히녁여거두워키라코 일홈

을연영이라하엿더니 밋자라매덕행이잇는지라 왕이듯교불녀왕비를삼으니

흥히어진행실이잇는고로 백셩들이말하기를 두셩인이라하더라그러나 이

말은유전셜이니 분명치못하고 가히밋고져하다가 왕이신통한덕이잇단말

을듯표 그저도라오교 쏘악랑사람이군사를거나리고 신라지경에드러와본

즉 백셩들이 밤에문을닷지안코자며로쥭이들에가득히싸히엿거늘 그들이

셔로닐너갈아대 이나라는백셩들이도적질아니하니 참도기잇는나라를 우

리가가만히군사를모하음습하면 도적과다람이업스니 엇지붓그럽지아니하

리오하교 스사로도라가나라 이일을보면그님군이 처음생겨는것은알수업

스나덕이잇슴은가히알너라

○제五십륙과　백뎨시조온조의사격라

주강생전십팔년봄에 백졔시조고은조ㅣ서니 이는온조왕이라 처음에

고구려왕포주몽이가 졸본부여로란을도망하여왓더니 졸본부여주의

ᄯᆞᆯ외게장가들ᄆ 쏘왕의위를너두아달을나흐니 장자의일홈은비류요
다

법도와 부자와군신의도와 상하의차례를가라처 중국풍교와갓치하야 문

물이중국과갓하여스니 이거시긔자의유풍이라하더라 긔자의산룽은적금

평양부에잇스니 대한벼살긔자릉참봉이잇나니라

제○사십구몽파 신라시조혁거세사긔라

신라국시조의성은박이오 일홈은혁거세라 한나라선제오봉원년갑자사

월에 (서양력주강생 젼오십칠년) 비로소님군위에나가니 호를거서간이라하고 그때에나히

열세살이라 처음에조선백성이 바다가에와 산골에난호와살어 경주싸에

여섯동리를창설하니 이거슨진한예륙부가되니라 하로는고허촌예사는 소

벌공이라하는사람이 양산을바라보니 수목속우물가에 말우는소래가들니

교 쏘이상한괴운이잇거늘 곳가서보니 말은홀연이간곳이업고 다만큰알

만잇는지라 그알을쎗치고보니 알속에서어린아해가나와 등천내물에가목

욕하니 몸이광채가나고 새와즘승이 모도츌주며호위하거늘 룩부사람들

이그생겨남이 신통하고이상하다하야 거두워기라더니 이제에니라러세워

님군을삼교 성은박이라함은 처음에생겨나던알이 크기가박만한고로 성을

구십사

라치되 례와의와누에치는것과 뫼써는거사로써하고 여닯가지약조를베프

러 백성을인도하니 세가지는금법이라 첫재는살인한자는 당장에죽는거

스로갑고 둘재는남을상한자는곡식으로갑하주고 셋재도적한자는 남녀가

그집에드려가종이되고 ㅅ사로죄를속하랴는자가잇스면 사람마다돈오십만

을드려서 비록모면하나 그러나그째풍속에 대단히수치하게녁이여 혼인

하는대방해가되더라 쏘다삿가지는오륜이니 첫재는부자유친이오 둘재는

군신유의오 셋재는장유유서오 다삿재는붕우유신이

라 이러함으로백성들이 밤에문을닷고자지아니하며 남녀간정절이잇서음

란치안터라 도읍을정하고밧과들을열어 정전법을가라치니 백성이부강하

며 음식을대그릇과나무그릇에먹으니 어진덕화가 민간에가득한지라 백

성들이깃버하야 소래를질너질겨할새 대동강으로중국에황하수를비유하고

영명령으로중국에숭산을비유하야 긔자의넓은은혜와 노흔덕을칭송하더라

긔자가조선으로나올때에 중국사람오천명을거나리고왓시니 시서와례악과

의원과무당과음양복술에류들과 각색장색과긔계가다싸러온지라 조선에니

라매언어를통치못함으로 번역하여알게하고 시서를가라처서 중국에례악

음이매우밧부웟더라 한동안후에 그녀인이와서보매 화로우헤서연긔가나

고 썩은다탓는지라 그녀인이엇더케성을대단히내엿는지큰소래로싹지저갈

아대 이게으른자야 네가무어슬하엿나뇨 일은허기슬혀하면서 무엇먹기

는원하나뇨하고 막대기로싸리기도하엿나니라 그녀인이그모양으로싹지지

니 왕이반다시생각하고우섯실지로다 왕이그셰예만히주럿스니 이녀인이

썩으로성냄을 조곰도긔렴치안터라 왕이그밤에아모것도먹지못하고 잣는

지아지못하나그러나 그후몃날이못되여 그군사를다시모흐고 쏘그쎼인쓰를

큰전장에서익이엿나니라

○제사십팔몽파   긔자의사긔라

은나라태사별을한긔자는 주의삼촌이라 주가무도한일을행하매   비간

이는간하다가죽고 비자는바리고가거늘 긔자가머리터럭을푸러헷치고 거

줏밋친체하야 종이되니라 긔자가항상말하야갈아대 은나라이필경망하리

니 망한후에내가신하가되지아니하리라하더니 주나라무왕이주를치고 도

를긔자쎄무르니 긔자가홍범구주를베플고 무왕쎄드리니 무왕이긔자를조

선에봉하야 신하삼지안는뜻슬뵈이더라   긔자가평양에도읍하고그백성을가

엽섯시며 또권세를잡고 싸호는사이에과연밧부더라 한쎄인쓰라하는사오
나옵고무례한백성이 바다건너로브러와서 영국으로더브러싸홀세 그들의
무리가만코 또그들의용맹과힘이만하야 싸홈마다니긔엿스니 만일그들이
늘이모양으로싸호면 오래지아니하여 그왼나라가 다이원수들의나라가될
번하엿더라 그큰전장후에영국군사가패하여 각각목숨을보전하랴고 조
흘대로다도망하니 알푸래드왕도 혼자급히수목속으로도망하더라 그날저
물게왕이한초군의집으로드러가니 매우곤하고 쏘주린지라 그초군의녀인지
려무엇을먹을것과 잘곳을간청하니 그녀인이그때에 화로우헤다떡을굽거늘 보
매그집은매우빈궁하여 불상이지내던사람이더라 그녀인이본족 한람루한
사람이주린모양이나 그러나님군인줄은생각지못하엿더라 그녀인이말하되만
일네가이떡굽는거슬잘보면 저녁을주리라 나는쇠젓슬싸려가니 내가간동
안에 저떡이타나보아라하거늘 알푸래드왕이 비록그떡을잘보나그러나이
외에 더큰일을멀니생각하여 엇더케하면가서 다시그군사를모흘고 엇더
케하면가서 그사오나온쎄인쓰를 그지경에서내몰고하여 주린것도닛고 떡
도뵈이지안코 쏘초군의집에잇는줄도니저서 명일에쓸계교를쓰노라고 마

죽이랴하니 공자가칠일을먹지못하고 하날을우러러탄식하여갈아대 하날

이덕을내게내섯스니 광따사람이그나를엇지할고하시더라 광따사람들이말

하되 공자는성인이라모로는바업다하니 만일이구실을쎄이면 광호가아니

오 공자가분명하다하꼬 아홉구비구실을주며쎄이라한대 공자가그설계책을

생각지못하야 그제자자공을보내여 뽕닙싸던박색녀인의게무른대 그녀인

이글자로쓰기를 쑬과개암이라하엿거늘공자ㅣ그뜻을해석하여 구실속에쑬

을넛코 개암이허리에실을매여개암이를구실속에드려보낸즉 개암이가쑬을

먹으랴하고 저편곳흐로나가니 자연실이쎄여진지라 광따사람이그제야

과연공자인줄알고 노아보내니라 이일노보면 사람의지혜는 남녀가다름

이업고 모양이추하고아롬다온것과 상관업는줄을가히알겟도다

○ 제 사십칠 룡과 알푸래드의사긔라

네전에영국에한지혜잇고 어진님군이잇스니 일홈은알푸래드라 그때

에아모도이사람과갓치 자긔나라를위하야 그러케힘써하리가업고 지금원

세상사람이 이님군을알푸래드대왕이사하더라 이때에왕의몸이평안치못하

엿스니 그때에항상란리가잇섯고 쏘이와갓치흥병하여 전장에나아가리가

조급히하지마라 나는무론무삼일이던지 쪽공평하게하여 남대접하기를내
몸과갓치안케하노라하더니 남은고기한덩이를마저다먹고 좌우를호령하야
두피를내여쏫더라 세상사람들은이일을보고 부대송사를조화말지어다 만
일조고마한일노송사하면 큰리익을해롭게하나니 어리석은사람은 매양송
사하기를조화하여 제게잇는거슬다쌔앗겨 원수만살지게하나니라

○ 제사십륙공판 아홉구뷔우실션니야기라 (이말은가)

(여예인 나니리)

네전에공자가제나라에갈새 엇더한부녀둘이셜닙을싸는대 동편에서싸
는녀인은추비하고 서편에서싸는녀인은아롬다온지라 공자가회롱에말노하
되 동편쌩나모가지는박색이오 서편쌩나모가지는아롬다옵다하니 동편
에잇는녀인은대답하되 그대의모양을보니 입살이드러나입발이뵈이니 일업
시득방할터이오 쏘초상난집개와갓치 주인업시다니는도다하더라 그때에
광싸사람양호가 포악하여도가업스니 백성들이죽이고저하더니 공자의얼
굴이양호와갓한지라 닷참그싸에지나매 백성들이양호인술알고 에워싸고

홈은원숭이라 이원숭이가공당에 놉히안저 거즛위엄을배플고 당장한저울

을달고 두피를불너갈아대 너희가닷도던고기를가저오라 내가공평하게판단

하리라하니 이에두피가고기를놀니거늘 원숭이가그고기를두덩이에난호아

저울바탕에두고 두피다려닐너갈아대 너희는압해와서보라 저울중수를쎅

갓치달어 싸홈울금지하리라하고 드대여저울추를충량하니 한덩이는가배얍

고 한덩이는무거온지라 원숭이가그무거온덩이를 한번베혀먹고두피다려닐

너갈아대 이법이제일공평한법이라하며 쏘다시저울에달매 무겁던덩이는도

로가배야워지고 가배얍던덩이는도로무거온지라 원숭이가갈아대 그래도공평

치못하다하고 쏘한번베혀먹으니 두피가보고원숭의게고하여갈아대 조곰고

로지는못하나 그대로주옵소서 우리가이제야족족함을알엇나니다하니 원숭

이대답하대 너희는임의족족함을알엇스나 다만내률법은 오히려지극히고로

지못하도다 나는오직률법맛흔관원이니 률법대로행하리라하고 한덩이를들

어다먹은후에쏘한덩이를들고보니 두피가본즉장찻다먹울모양이거늘 그제야

애걸하여갈아대 청천대재판장은다시수고를마옵시고 다만그남은고기를우리

의게주옵소서하니 원숭이가웃고갈아대 내가너희게말하노니 성픔을너무

니이다한대 선생이갈아대 학교를채오면 가득하기는하겟시나 이학교가그

전보다더옥심히어둘때니 엇지할고하더라 또한제자는그은전에삼분지일노

기름을사가저고도라니 등불을켜서방가온대에놉히달고 그선생의게고하여

갈아대우리선생님이여 내가이어두온학교를빗으로 가득히채웟나니다하니

선생이칭찬하여갈아대참조타네가빗으로 이학교를총만하게하엿스니 총명

한법이엇지이에서지낼수잇스리오하더라 이일을볼진대 밝은사람은밝은거

스로나타내이고 어두온사람은 어두온형상으로나타내이나니 나모와기름

을사람일신에비유컨대 나모는재물이되고 기름은지혜가될터이니 므릇재

물만생각하면항상어두온대처하고 지혜를사모하면항상빗츨주장하나니라 그

러나만일기름을예비하지아니하면 빗치여숩기가쉬오니 항상기름을예비하

여 영생에빗엇기를바라노라

○제사십오 공과 과가원승의거재판한니야기라

녜전에피둘이잇서 주리여견달수업더니 쯧밧괴고기한덩이를 도적질

하여물어다놋코난호와먹을새 서로만히먹으랴하고닷토와 송사할지경에니

르니 공평이재판하는관원을구하더라 그때에한유명한새판장이잇스니 일

엿나니라 또그잇흔날 뒤웅박속에화약을담어 여러개를물에씌여보내니 일

본진즁에서 뒤웅박을건저노코 서로말하되 이뒤웅박에분명히쏘벌을너헛스

니지금은속지아니하리라하고 불속에던지니 홀지에화약이풍겨 무수한군졸

이만히죽고 쏘군즁이크게어지러워 항오를일헛는지라 리순신이그젹병의어

지러옴을보고 음습하엿스니 일본군사가대패하엿나니라

○제사십사공과 선생이제자의지혜를본뇨야 기라

동방에한유명한선생이잇스니 박람박식하고재조가만터라 그문하에두

제자가잇서 학업을배호더니 하로밤은선생이그제자의지혜를보고저하여 은

전이원으로두제자의게난호와닐너갈아대 내가이제녀회게은전을주노니 이

은이얼마되지못하나 다만이은을가지고 속히저자의가서 너회마음대로각각

한물건을사서 이어도오논학교를쑤려채 오게하라하니 두제자가선생의말을듯

고 저자로물건을사러가더니 조곰잇다가한제자가 도라와고하여갈아대 선

생님이여내가이은전일원으로 다말은나 모를삿시니 가히이학교를채올만하

할수업스나　대강셜명하노라　이병란나 기전에　리순신이 가미리게 책을예

산하여　전라도좌수영　울두목이라하는곳에　수즁으로쇠사슬을걸어두엇더

니　그후에수군과갓치상류에서　접전하다가　거즛패하는쳬하여쏫겨오다가

울두목에니르러　배닷슬노흐니　일본배도닷슬놋는지라　대한배는나 모닷신

고로　급한물결을싸라가되　일본배는쇠닷산고로　곳물속에드러가　쇠사슬

에걸니니　물놀이심히급하야　다복선되는지라　병장긔를쓰지아니하여도

크게싸홈을득승하엿더라　또하로는잠수군으로하여곰　일본배밋출구멍을쑬

을새　몬저나모군을지발하여　건너편산에가서　큰나모를독긔로버히니　나

모버히는소래가쌍쌍하야　배에마조치니　일본군사들이나모버히는소래를듯

고　제배밋헤구멍쑬는의심치아니하엿더니　거미구에물이배밋흐로소

사올나　다물속에싸젓나니라　또하로는수즁에전선을매이고　서로진을대

할새　일본배는하류에잇고　대한배는상류에잇더니　리순신이한계챡을생각

하여　뒤웅박속에벌을만히잡아녀허　물에씌여보내니　일본진즁에서　그뒤웅박

을건저　뒤웅박애를쌔여본즉　무수한벌쎄가나와군사들을쏘니　진즁이크게

어지러온지라　리순신이그때를타서　군사를내여치니　일본군사가크게패하

붓들고 운동치못하거날 그고기잡는사람이 솔개와조개를다잡아갓스니 일

은바좌수언인지공이라하니라 므릇사람이 남과갓치닷톨때에 이일을생각

하여조심할거시니 대개나라로말할지라도 이나라와저나라가 서로싸호고

화친하지아니하면 그두사이에다른나라아 그형세가피곤함과 재물이탕진

함을보고 반다시두나라에토지를쌔아서 그리익을취할거시니 그런즉엇지

하여야남의게사로잡힌바ー되지아니하리오 첫재는내정욕을금지하여 남의

게잇는거슬탐내지말고 둘재는내힘을생각하여 남을익이지아니하면 둘이

다온전할거시니라 비유컨대 솔개가조개의고기를탐내여 찍지아니하엿스면 둘이

제가죽지아니할거시오 조개도제힘을생각하여 나종에못익이는체하고 입

을벌녀주엇스면 제가죽지아니하엿슬듯하나 둘이서로익이라하다가 고기

잡는사람의게잡힌바ー되엿스니 무삼유익함이잇스리오 대개몸을닥고 나

라를다사리는사람들은 깁히경계할지니라

○제사십삼공과   리순신의지혜라

대한에한유명한장수가잇스니 성은리요명은순신이오 호는충무공이라

선조대왕시절에 임진년일본병란을당하여 수군졔독이되니 그지혜는널우말

137

인심을삷혀보니　만일문명한사람들이　그놉흔뜻과조찰한행실노가릇치시던

지　혹회개식히랴면　그사람압헤복종하며공경한마음으로　교육밧기는원차

아니하고　도리여구습을곳치지아니하고　싀긔하는마음이가

독하야　제산업을쌔아실가　제생업을해롭게할가하여　원수갓처보니　누가

이갓한사람을　잘교육하리오　필경은구습에물드러　하등사람을면치못하니비

유컨대솔개가봉황을보고쏘온마음과　배홀생각은두지안코　저먹던썸은

쥐를쌔아실가　두려워하는것과갓도다

○ 제사십이 몽과　솔개와조개니야기라

한솔개가잇서　바다가에지나다가분죽　큰조개가입을벌니거날　그속에

잇는고기를탐내여　입부리로쏘은대　조개가입을움치니　솔개가능히할수업

서　조개다려닐아대　금일에비가오지아니하며　명일에비가오지안코　삼

일써지비가오지아니하면　네가반다시말너죽으리라하니　조개가쏘솔개다려

닐너갈아대　금일에먹지아니하며　명일에먹지아니하고　삼일써지먹지아니

하면　네가반다시주려죽으리라하꼬　서로붓들고놋치아니하니　닐은바방휼

지세라　그때에고기잡는사람이　맛참해변에지나다보니　솔개와조개가서로

○제 사십 일몽과　솔개 니야기라

솔개는 새중에 제일 음흉한 새니　일생을 도적질하야 먹기로 위엽하더라　하
로는 심히 주리여　먹을거슬 도적질하려　촌간으로 단니다가　한 썩은 쥐를 엇어
조흔 고기로 알고　두발노움키여 가지고　방장먹으랴 할때에　맛참 봉황이 놉히
날아 단산으로 가는 길에　그 우흐로지나니　솔개 가져먹는 쥐를 빼아실셔 두려워
하야 도라보고 크게 소래하며　두날개를 버리거늘　봉황이 웃고 갈아대　습흐
다 솔개여 내 말을 드르라　나는 대열매 가 아니면 먹지 안코 오동이 아니면 깃드
리자 안나니　찰아리 주려죽을지언정　너희먹는 추악한 음식을 먹지 아니하리라
하고　상시로온 것슬 떨치고　표연이 날아가더라　가소롭다 솔개여　저 봉황이
제의 추악한 것슬　상관치 아니 하는줄은아 지못하고　도리혀 다행이 녁여　그 썩
은 쥐를 달게 먹더라　제 가 만일 그 봉황이 청염하고　조찰한 거슬보고　붓그러온
마암이 잇어서　검손하게 배호기를무릅스면　봉황이 반다시 잘교육하야　첫재는
도 젹질하던 마음을 회개식키고　둘재는 거처를 정결여 하고　셋재는 음식을 존절하
게 하야　봉황과 갓쳐 동등 권을 가지고　천하의 유명한새 가 되엿슬번 하엿스나 종
시 제 행색을 감초지 못하야　평생에 추악한 일홈을 면치 못하엿도다　대개이 세상

139

라도도로드러오며 쏫차도나아가지안하니 소인이유세한집은추앙하고 무

세한사람은업수히녁임과갓고

나니 소인이정욕을탐하여 사지에싸짐과갓흔지라 음식을보면욕심이충만하여 죽음을생각지안

소인의형상에비유할지라 그니야기를대강설명하오리다 대개그파리는모양이다

울엇으매 욕심을금치못하여 처음에그릇가에붓터서 조금쌀어맛보니 파

연맛시달고조흔지라 무렴한욕심을내여생각한즉저쌀을다먹어도 오히려부

족하다하야 날라쌀그릇가온대에드러가서 쌀우혜안저쌀어먹으니 제가아

모리욕심이만한들량이업스니 엇지그쌀을다먹으리오 배부라게먹은후에 사

람이오는것슬보니 급히날라가고져한들 그약한발이쌀에브터서 능히운동

하지못하는지라 그제야죽을힘을다쓰며 도망하고저하나 발은꼬사하고 온

몸이모다쌀속에드러가 맛참내쌀속에장사지내엿나니라 아일을볼진대 세상

사람들이근본하나님쎄 품부한량심은인코 소인의행색을본밧아 세상에헛

된번화함과 육신의부귀를탐하야 정욕에침륜하다가 능히쌔닷지못하고 필

경죽을지경에싸지니 엇지지헤잇는사람의 경계할바아니리오

율보고 곳공중에놉히날라 새진중에드러가 여러새의게닐너갈아대 내가량

편에날개를펴고 능히날라왓시니 나는근본새종류라 엇지즘승을도으리오 잠

간즘승진중에드러간거슨 그비밀한게책을담지하여 우리장군의게알개함이

오 실상즘승을도으랴한거슨아니라하고 일노말매암아 박쥐가 즘승과새두

사이에 도모지유의한곳이업서 추세하기만위업하더라 그런고로지금까지

박쥐가 낫의눈감히세상에나오지못하고 바위구멍의숨엇다가 반다시밤이

되여 새가길쓰리고즘승이잘때면 비로소먹을것을찻더라

오호라즉금세상사람를삷혀보니 도모지주장한곳이업서 박쥐가즘승과새두사

이에 왕래하며아첨함과갓치하니 생각건대니와갓한사람은 박쥐인가하노라

○ 제사십공과　파리니야기라

파리는곤충중에제일매운거시라 그심술과모양이 소인과갓하니 항상횐물

건을맛나면 검은거슬로하고 검은거슬맛나면 흰거슬로하니 그심술이가

히부정함을알일이오 쏘안젓슬때면항상발을들고 비는모양이죄인과갓하니

소인이대인을대하면 무서워하는것과갓고 제왕의루대와 부귀한사람의자

리여는 감히갓가히못하고 가난한선배에집과 천한백성의처소에는 내모

141

울세에 지널거슬예비하리라

○ 제삼십구톄와 박쥐니야기라

하로는 긔눈즘승과 나는새가 크게젼장을배설하고 서로승부를결안코저

할때에 닷참박쥐란놈이잇스니 셩픔이유타하고 마음이간교한자ー라 다

만졔일신에편할만생각하여 도모지량편싸홈을간섭지안타가 도리켜생각한

즉 걸즘승은본래힘이만코 위엄이당당하니 병법에갈아대 젹은거슨큰거

슬당치못하고 약한거슨강한거슬당치못한다하엿스니 그형세는반다시새에

젹수가아니라 즘승이익이리라하고 드대여추챵하여 즘승의진즁에드러가

서 공손하게여러즘승의게닐너갈아대 내가근본새가아니라 내입에량편에즘

승의입발이잇스니 쳔하에엇지입발잇는새가잇스리오 내가새가아니오 즘

승의죵류라하며 무한이아쳠하더니 세상사를미리알기가어렵도다 쏫밧쎄

새즁에비장군이잇스니 일홈은매라 날내고용맹함은 삼군에웃듬이오 비

밀한게책과신긔한재죠는 만부의당할자ー업더라 여러새를거나리고

진을벌이고 코게젼젼하여싸홈을익이여 깃겨서를단봉궐에올니니 셩명이

산림에가득한지라 박쥐가즘승의진즁에잇다가 일시에즘승이패하여다라남

월을헛되히보내고 일직이겨울지낼게책을생각지못하엿나다 개암이닐너

갈아대 우리의법은너와갓지안하니 여름되엿슬때에 힘을다하고공부를부

자련히하여 량식을만히저축하엿다가 겨울에풍셜이대작하면 나아가서엇

어먹지못할때를예비하엿스니 만일너와갓치그때에음식을잘먹고 노래하

며춤추기로 앗가온광음을허비하엿더면 이제반다시너와갓치 긔한액교

생을면치못할번하엿다하고 아모것도주지안코갈아대 이거슨네가너를주리

게함이니 누구를원망하랴오하니 나나니가붓그러옴을이긔지못하여 머리

를숙이고물너갓다하더라 대개사람이세상에나매 반다시그집분이엿스니 졈

어서힘써 공부를부자련히하면 먹고닙는거시자연그가온대에잇눈지라 만

일졈고장셩한때에놀기를조화하고 사쳐를조화하야주사쳥루에방탕하며 유

익지못한벗을추축하야 가무하고련락함으로 셰월을허송하면 백발이재촉

하야잠간동안에늙은때를당하기를 나나니가여름을허송하고 겨울를당한과

갓한지라 늙은후에는후회하여도쓸대업교 주리고치워도 호소할곳이업슬

거시니 나나니가개암이의게구걸을쳥한들 엇지일홉량식을주리오 누구던

지이일을보교생각하여 졈어쓸때에 공부를부자련히졸업하여야 일후에늙

고 웃고갈아대내가잠간잘못생각하엿스니 한조흔계책이잇도다 그러며아참에넷식주고 저녁에셋식주리라한대 여러다람쥐가아참에넷식주마하는말을듯고 모도깃버하여 늙은다람쥐의게서로치하 가분분하더라 슯흐다세상에남의게고빙된사람들이 아참에안저서 저녁일을생각지안코 다만눈압헤시급한리익만구학니 엇지이다람쥐가 아참에셋식주고 저녁에넷식주마함은불가하다하고 아참에넷식주고 저녁에셋식주마함은 깃버함과다라리오 그런고로지혜잇는사람은 무론무삼일이던지영원한리익을취하야 당장에는해로온일이잇서도 멋백년혹멋쳔년후에 크게리익됨을예산하나니라

○제삼십팔공과 나나니야기라

네전에부자런한개암이가잇서 겨을에일긔가매우쌋쌋함울보고 그여름에저축하엿던량식울내여저마할새 그때에맛참한나나니가잇서 긔한을겁대지못하여여 형상이반죽는모양으로 개암이겻헤와서 공손하게먹을것을빌거날 개암이가갈아대 너는엇지하여 여름에만히먹울거슬저축하여서 우리의하는바를본밧지아니하엿나뇨 나나니대답하여갈아대 내가여름에겨울이업스니 내가오직음식울찰먹고 여러벗들과갓치 노래하고춤추기로써세

파초가대답하되　허허말마라　나는종산토록몸을능히운동치못하야　여름에

해빗치쪼이여목이말녀도임의로물을마시지못하고　소와말이와서나의머리를

씻어먹으며　버러지가내배를좀먹으되　내가능히막을수업거니와　너는네마

음대로운동하니　무삼겨정을하나냐하더라　그쌔에맛참귀쓰람이가울거늘　둙

겁이그소래를듯더니잡아먹으랴하고쒸여가더라　무릇사람이세상에나매　다

고난이잇스니엇지하나님을원망하며　남을허물하리오다만하나님쎄서주신바

를각각감사할분이니라

○제삼십칠공과　다람쥐니야기라

한늙은다람쥐가잇서　여러다람쥐를드리고빙하야밤과상수리를만히주어다가

구멍속에저축하고　겨울지낼계책을예비하엿더니　하로는늙은다람쥐가　여

러다람쥐를불너일용할량식을분급할새　늙은다람쥐갈아대　아참에셋식주고

저녁에넷식주마하니　여러다람쥐가크게노하야갈아대　우리가남의게고빙되

여　죽을힘을다하야　실과를만히저축한거슨　이쌔를당하야배부르게먹으랴

한거시어늘　이제주인이우리게닐곱을반사하되너무박하게하여　아참에셋

식주마하니대단히섭섭하다하고　의론이불일하거늘　늙은다람쥐가그말을듯

즐겁게노옵나이다 교사갈아대정희야 너는어나새되기를원하나뇨 정희대
답하여갈아대 나는가마귀되기를원하옵나이다 가마귀는외모보기는조치못
하나효심이대단하야봄과여름에제어미가 나서기른후에 그색기가장성하야
가울과겨울을당하면 먹을거슬무려다가 도로그어미를먹이옵나이다 교사
ー세녀아희의대답을드른중에 졍희의대답이가장조흔줄노칭찬하고 쏘훈계
하되므릇사람의모양이고흔것보다 마음어아름다온거시 제일이라하고 자
세히가르첫다하니라

○뎨삼십륙 몽과 둑겁이외파초가문답 한말이라

둑겁이가주리고피곤하야 파초아래에서쉬이다가 파초를보고말하되 너
잇는곳이심히아름답도다 나는일생에괴로옴을건댈수업스니 너와내가몸
이서로밧구엇스면조켓다하니 파초가대답하되 내보건대너는평생에수고
이업스매 반다시너사는곳슨조흔가하노니 나도역시밧고기가소원이로라하
니 둑겁이대답하나니는평생에수고를하여야 먹울것도생기며 쏘밧긔나가늘
쎄면 베암과닭이엿보아잡아먹으랴하는지라 너는졍결한초당가에안저서비
가오면옷시스스로윤택하고 몸이스스로자라나니 무엇슬근심하나냐한대

쥐는구멍겻헤잇서 나오지아니하고두색기만 방가온대로단니며 쌀낫슬집

어서저는먹지아니하고 큰쥐압흐로수운하여가더니 큰쥐즉시먹지못하고 다

만입으로쌀낫슬차지아니하고 어릿어릿하는지라자세보니 가련하다이큰쥐는 눈

먼쥐오두색기가 먹을거슬엇어봉양하는지라 순희성각하되 저거슨즘승이

라하되 오히려그어미를극진히봉양한다하고 매우감동하야 더옥고요히안

저놀내지아니하엿더니 문밧긔홀연히사람의발소래가잇는지라 두색기듯고

크게놀나한소래를크게지르니 이는제어미의게들녀 급히도망하게함이라 그

세에큰쥐가듯고 곳구멍으로드러갓나니라

○제삼십오공과　새되기를원하는문답이라

한교사가녀아희학도셋슬노코 좌에괴록한대로질문하엿나니라 교사가

갈아대 난희야네만일새가될진대 어나새되기를바라나뇨 난희대답하여갈

아대 나는쇠고리되기를원하옵나이다 쇠꼬리는본래극한산플노브터나와서

놉흔나모에옴기고 쏘항상아름다온소래로 그늘가온대에맑게우나이다 교

사갈아대 숙희야 너는어나새되기를원하나뇨 숙회대답하여갈아대 나는원

앙새되기를원하옵나이다 원앙새는짓도고흐며 항상물우혜쌍쌍이써단니며

147

가그제야생각하니 이수박을저혼자밧으면 필연저것잇는밧탕이무거워 물에
쩌러질줄알고갈아대 저편에잇는아희와 뚝갓치난호와주소서하고 여러번
애걸하다가 믄득새니한쏨이라 이쏨을새고곰곰생각한즉 사람이세상에나

매 각각분수와직분이잇는지라 만일제욕심대로혼자탐하여 공평한뜻식업
스면 반다시침륜한싸에쌔지리라하고 이후는이아희가제허물을곳처 무론
무삼물건이던지 무삼음식이던지맛나보면 자연그마음에그쏨을생각하야 아
모일이라도공평처안하면 행치안나니 이런고로전에악습은바리고 다시조
흔사람이되니 남이칭찬하지안는이가업더라

○ 제삼십사 공과   쥐의효심이라

순희라하는녀아희가잇서 책상압헤서혼자책을볼새 조고마한쥐소래들
니거늘 눈을드러보니 벽밋헤적은구멍에서 한쥐색기가머리를내밀고 사
람의동정을보고저하야 귀운을낫초고 숨을가만히쉬고잇섯더니 쥐색기
가이리저리보면서 방에써러진쌀낫슬보고 홀연이다시숨어가거늘 순희생
각하되 쥐색기가엇진연고로 다시나오지아니하는고의심하엿더니 이윽고
그색기저의어미를인도하여오고 그뒤에는쏘한색기가싸라나오는지라 그큰

다죽기를실혀하고　오래살기를조화하나　양생법은행치안하야　육체와마음
이병드러　죽을지경에당하엿스되쇄지못하니　가히불상하도다

○제삼십삼몽과　사람의마음을회개식힌저울
이라

한욕심만흔아희가잇서　항상조흔물건을맛나면　저혼자가지고저하고　맛
잇는음식을보면　저만혼자먹고저하더니　하로밤에는　쑴을엿으니　한벗과
갓치　큰내가흐로단닐새　한사람이둥둥에　수박하나식담아서　량편엇개에둥
한짝식메이고　오다가　이두아희들다려말하되　이수박을너희게주리라하거늘
욕심만흔아희가　곳두손을버리며갈아대　내게만다주옵소서하니　그사람이한
번웃고갈아대　올타그러나　그대로는주지아니하겟스니　위선이둥속에드러
가보라하고　두아희들을잡아　두편둥속에하나식너흔지라　그두아희가둥속에
드러가본즉　그둥은본래둥이아니라　곳큰저울밧탕이라　그사람이그저울밧
탕을시내물가헤물깁흔곳에반즘기우리고　욕심만흔아희를　물깁흔편저울밧
탕에두고　닐너갈아대　저량편에잇는수박을다밧으라한대　그욕심만흔아희

149

일음식 맛시 짜고 맵고 썩고 상한 거시 다 사람의 장위를 해롭게 하나니 이갓흔음

식은 일절 금할 거시오 잠잘때에도 여러사람이 한 침상에서 좁게 자면 사람의

몸에 추악한 내 암새가 서로 통하고 쏘 공긔가 부족하여 몸의 병이 되나니 므

롯 양생을 잘 하려면 약한 사람이라도 강하여지고 병잇는 사람도 무병하나니 그런

고로 동양에 여 동래란 사람은 긔질을 변화하여 강한 사람이 되며 서양에 마틴루터

이란 사람은 처음에 몸이 연약하더니 나종에 강건한 사람이 되엿스니 이로보

면 사람의 수요와 긔질의 강약이 근본 정한 분수가 업고 다만 양생하는 대 잇는지

라 대개 사람의 육체도 잘 기르면 일생이 무병하며 오래 살거든 마음을 잘 기

르며 엇지 영생하지 아니 하리오 마음을 기르는 법은 세상 모든 헛된 번화와 육

체의 모든 정욕을 거절하며 악한자의 길에서지 말며 모만한자의 자리에 안지 말

고 눈에는 간사한 빗츨 보지 말며 귀에는 더러온 소래를 듯지 말거시니 항상공

평한 뜻으로 바른 일만 행하고 하나님을 밋어 숭봉하고 그 률법을 밤낫으로 잠잠

이 생각 한즉 자연 그 마음이 청명하야 틔끌업는 보배거울 갓고 바람업는 가을물

결 갓하여 물건의 정하고 추한 거슬 빗최 이는 것갓치 사람의 선하고 악한 거슬 보나

니 일점도 마음에 병이 업스면 영생지복을 누리나니라 슙흐다 세상 사람들은

사람이젊엇슬때에 허송세월하다가 늙은후에야자탄한들 무삼유조함아

잇스리오 이런고로녜전에 하우씨란님군은마데만한그늘을앗기섯스니 우

리도년광을앗기여 새해에는조흔사무를작정하기를바라노라

○제삼십이공과　양생이라

대개사람이세상에나매 생명의수요와 괴질의강약이 유생지초에 하

나님이정하신바ㅣ아니라 양생을잘하고못하는대잇스니 양생하는법은 음식

을맛게먹으며 거처를정결하게하며 운동을정당케하여야 일생에병이업고

신체강건하나니라 양생의제일해됨은 셰상에헛된영화와 쓸대업는정욕을

탐하여 제뜻슬수고롭게하며 마음을불타는것갓치하야 밤이면잠을일우지

못한죽 철긔가점점쇠하고 거플이차차파리하야 드대여고질병을엇서어 약

도효험도업시필경죽는자도잇나니라 쏘망녕된욕심으로분수밧긔일을당하다

가 혹죄에빠저평생을징역한며 혹형벌을당하야병신도되며 혹병장기에죽

는자도잇스니 이거슨다양생을잘하지못한연고ㅣ니라 그런고로양생을잘하

는사람은 마음을맑히고 욕심을거절하며 쏘집을정결한곳에짓고 몽긔를

잘통하게하야 아참에일즉이 니러나공긔를마시고 운동하다가음식을먹되 만

이니 윤해에는날수가三百六十六일이되나니 이거슨 원날수가스무아흐래

가됨이라 또한낫과밤이 스물네시가잇스니 밤과낫시 각각열두시되나니

라 그러나여름에는낫시길고밤은짜르며 겨울에는낫시짜르고 밤이길며 다

만봄과가을에는낫과밤이평균하니라 사람의평생을사절에비유컨대 어려실

때에는봄이오 장성한때에는여름이오 조곰쇠는쌔에는가을이오 늙은쌔에

는겨울이니라 그런고로사람이 봄과여름에공부를잘하야 재조를만히익히

고 학문을널니배화서 후일가을과겨을를당하야 남외게붓그러옴을면할거

시니 만일농사하는사람의게비유컨대 봄에밧슬갈고씨를색린후에 싹이차

차자라나서 여름이당하면거름을만히하고 잘매고잘각구워야 가을되면결

실을풍성히하야 혹오십배혹백배까지추수하여 겨을이되면곡간에드러쌋코

배부르게잘먹나니 만일게으른사람은 봄이오면밧도갈지안코 씨도색리지

안하며 여름이되면서늘한그늘만차저단니며 술먹기와낫잠자기로위업하니

밧슨풀이동산갓고 집은풍우를가리우지못하는지라 가을이당하여 곡식한

되추수할것도업고 겨을이당하면 괴한을견대지못하여 남외게가서량식을

취하랴한들 누가놀기만하는사람을구제하리오 필경은주려죽으니라 므롯

복을새로제조하여넙고　집집마다연락하야서로치하하나니　그치하하는법은

무엇을치하하나뇨　잘먹고잘넙으며　나히만함을치하하는것이아니라　대개

사람이어려슬때에는　비유컨대씨를쌍에쑤림과갓치하야　처음에싹이나매정긔

는온전하나　힘이여약하다가　졈졈자라나매　지엽이장셩하야열매를맺는것

파갓치　사람도차차나히만하면　긔골이장대하고지혜가발달하야　능히소원

대로공부를결실하나니　이런고로해가지나면　지식이더욱확장하야　간해에

한공부를졸업하고　오는해에사무를작정하며　지나간해에그릇함을쌔닷고　오

는해에올홈을좃는지라　사람이나히만하면　지혜도만한고로　무론누구던지

새해에조흔공부를작졍하여　졈졈진보됨을치하하나니　만일새로온마음이업

시헛된나히만하며앗가온영광을보내면　비유컨대속뷘고목나무와갓하니　무

삼치하할것이잇스리오　혹어린아해들은　놀기를위하야　새해도라오기를기다

리나니남아해들은연도날이고눗도놀며　녀아해들은널도쮜나니라

대개금년일월브러래년일월싸지　날수가몃쳔지아니뇨　일년에날수는설흔한

날이되는때도잇고　쏘설흔날이되는때도잇스니　다만二월만소무여드래가되

나니라　그러나그거슨의례히그러한날수거니와　四년마다한번식　윤해가울터

가네입을보니사자의입이안니라　무어슬무서울고하더라　이런고로지혜잇는
자는외양으로사람을의론치안나니　무릿거잣착한데하는사람은　맛참내그진
정이탄로되나니라

○ 제 삼십공과　　지룡이와귀뚜람이니야기라

지룡이는처음에눈이잇고　귀뚜람이는됴흔뚝가잇더니　하로는귀뚜람이
가지룡의집에가서　지룡이다려하는말이　너는뚝가업시어대를　단이나뇨나
는뚝를뚝고여러좌즁에간즉　자연이모다나를추양한다하며　무한이자랑하니
지룡이그외모에빗남을보고　자긔눈으로그뚝를밧구자한대　귀뚜람이가마지
못하는례하고　밧구워주엇더니　지룡이가비록조한뚝가잇스나　제가보지못
하니무엇이유익함이잇스리오　귀뚜람이는눈을엇은후에　세상광명한빗찰보
고　무한이깃버하되　지룡이는항상음부에서슮히울더라　대개사람이육신의
광명만구하면　제일조흔보배를일나니　여러분은저지룡이를생각하시오

○ 제 삼십일공과　　일년에달과날이라

새해를당하면　사람마다직업을쉬이며　음식을만히작만하야먹으며
의

서언덕에 니라고저하되 능히할수업서방장위태할때에 한비닭이가나모우혜

안저 그형상을보고불상한마암을이긔지못하야 나모한가지를썩거서개암이

겻혜던지니 개암이가그나모우혜붓처서 물결을싸러써가다가 언덕에니라

매무사히륙지에올나갓나니라 조곰잇다가한사람이그물을가지고 가마귀를

잡으러오다가 비닭이를보고크게깃버하야 그물을가만히에워싸고 비닭이를

잡으랴할즈음에 개암이가생각하되 저비닭이는나를살넛스니 내가엇지저

비닭이죽는거슬보리오하고 한쐬를생각하야산양군의발샄슴치물어쏫으니 그

사람이깜짝놀내여쒸거늘 비닭이가그쒸는소래를듯고 놀내여나라갓다하더

라 이일을보건대 내가착한일을행하면 남도착한일노갑흘줄을아노라

○제이십구공과 라귀니야기라

한라귀가사자의썹질을엇어쓰고 즘승을맛나면항상공갈하더니 한여호

가그공갈함을두려워아니한대 라귀가크게소태하며작지저갈아대 너은엇지

흘노나를두려워하지안하며 쏘사자의입도무섭지안하뇨하니 여호가대답하

되습흐다 너ㅣ가만일을입을열지안하며 내가만일네 소래를듯지아니하엿사면

내가반다시너를무서워할번하엿스나 내가네소래를드라니 라귀의소래오 내

155

리웃을택하며　쏘거잣시업게하면사람마다군자가될지니라

○ 제이십칠쟝과　교군군의 니야기라

동방에한부자늙은이가잇스니　하로는개한머리를일흔지라　제집에교군을
불녀 개를차지라하니　그교군군은본래게으르라고　어리석은사람이라　대
하되우리는교군메이는직분이오온즉 개찻기는본분이아니라한대 주인이갈아
대 너희말이당연하니　속히교군을메이라내가개를차지려가깃다하고 교군
을타고산우혜와물가흐로두루단이거늘 교군군이힘이피곤하야 잠간쉬이기
를청원하야대　만일주인씌서개차지러쏘멀니가실지댄　우리가대신으로
가깃사오니　주인은수고를마옵소서한대　주인이웃고널너왈 그러면녀희가
어서가개를차저오라하고 보행으로그집에도라오나라　교군군이나모아래에
잠간쉬이며서로말하되　우리가편안함을구하다가　도로혀큰수고를당하엿다
하더라

○ 제이십팔쟝과　개암이와비닭이가은혜갑흔
　　　　　니야기라

한개암이가잇서　시내가에서물을먹다가　우연히물에싸지거늘　물에쩌

○제이십륙공과 맹자의 모친이 맹자를 가라친

말이라

부모가자녀를나시면조흔줄은아시나 교육하는법은알기어려오니 대강
설명하오리이다 녜전에맹자의모친이 맹자어려실때에 저자가흐로이사하
엿더니 맹자가희롱할때에 그후에뫼쓰기를위업하는사람의짐리웃으로 이사하
식기를곳이아니라하고 신톄를묵고씱을파는모양으로 놀거늘 그모친이
갈아대 이곳도자식기를곳이아니라하고 드대여학교겻흐로이사한대 맹자
가희롱할때에 례를배호는모양으로놀거늘 그제야그모친이말삼하시기를 진
실노자식기를곳이라하고 그짜헤서살더니 맛참내큰선배를일우엇느니라 쏘
하로는맹자가리웃집에서되아지잡는소래를듯고 그모친씌무러갈아대 저되
아지를누구의게주랴고잡나잇가하니 그모친이잠간희롱에말노하기를 너를
주리라하다가생각한죽 어린아해를속이면 이는거잣슬가라침이니엇지할고
하여 되야지고기를사서주엇다하니라 아모시던지자식을가라칠때에 조흔

다음에 여호를 옴길넌지 곡식을옴길넌지 아모리 생각하야여도 다란것하나가

질녀갈새이에여호가닭을먹을가 닭이곡식을먹을가 넘녀잇스니 이때을당

하야 이농부는엇더케하면 이세가지를조곰도상치아니하고 다옴길가 생

각하여보라하니 지신이이윽히잇다가 그방법을생각하여내엿다하니라 우

리들도쏘한지신과갓치 그방법을생각할지어다

○ 제이십오공과 사시라

일년에사시가잇고 쏘열두달이잇스니 사시는봄과 가을과 여름과 계

을이오 열두달은 一월 二월 三월 四월 五월 六월 七월 八월 九월 十월

十一월 十二월이니 한때에각각석달식잇나니라 一월二월三월은 봄이되

고 四월五월六월은 여름이되고 七월八월九월은 가을이되고 十월十一

월十二월은 계을이되나니 봄석달은일긔와가온화하야 만물이비로소나고 여

름석달일긔는더옵고 때때로큰비가오며 만물이번성하고 가을석달일긔는

서늘하니 만물이성숙하고 계을석달일긔는심히치우니 만물이거두고감초

이며 때때로큰눈이오고 바람이니러나나니라

라무왕이은나 라주님군을칠때에　백이와숙제가무왕의란말을두다리며갈아대

신하로그님군을치는것이가치안타하니　무왕의좌우에호위하는사람들이　그

두형제를죽이고저한대　무왕의신하강태공이갈아대　의로온사람이니　죽이

는것이올치아닌즉　물니침이가하다하니라　밋은나라히망하매백이와숙제가두

님군을섬기지안코　또주나라곡식을먹는거시참붓그럽다하야　수양산의드러

가서고사리를캐여먹고　주려죽으니라　지금대한국황해도싸에　수양산이잇

는고로　그산일홈을모본하야　그싸에백이와숙제의사당집과　비석을세웟나

니라

○제이십사공과　생각할일이라

녯전에난희라하는처녀가　그동생문지산의게무른말이이러하다하니라　한

농부가여호를잡아　닭과밋곡식을갓치가지고　장터에가서팔냐할새　가는길

에한시내가잇서　다만외나무다리섇이라　제물건을함쎄가지고건널수업거늘

그농부가하나식옴기랴하되　몬저곡식을옴긴즉　뒤에여호가닭을먹을것이오

또여호를몬저옴긴즉　뒤에닭이곡식을먹을녀가잇스며　또몬저닭을옴기고

은그제야스사로자랑하던쌀은　도로혀그몸에원수가되고　붓그럽다허던다리
는 그몸을헤치아니하는줄을알녀라

○ 제이십이공과　왕상의효심이라

왕상의모친이일즉이죽으매　계모를모시고지나더니　그계모가왕상을학
대하야　모든피로온일노왕상을부리되　왕상이일심으로다순종하더라　하로
는그모친이러를먹고저하니　이쌔는계을인고로잡을쌔아니라　왕상이강가
에가서　옷슬벗고어름을쌧치니　홀연이러어두머리가쒸여나오거늘　갓다가
그모친을봉양하엿나니라　쌋그모친어병드러실쌔에　누른새고기를먹고저하
되잡을수가업서군심하더니　의외새한쌔가잣막가온대로오거늘　잡아구어서
그모친을봉양하꾜　쌋집에조흔벗나모가잇서열매가익을쌔에　바람이불어열
매가쩌러지는지라　그모친이왕상을명하야　벗나모를직히라하니　왕상이나
모를안꼬울며갈아대　바람은불지마옵소서　우리모천의조화하시는실과가쩌
러진다하니　그시로바람이굿처다하엿나니라

○ 제이십삼공과　백이와숙제의충심이라

백이숙제는형제간이니　꼬죽군의아달들이오　온나라주님군의신하라　주나

라그눈산이응하는소래라　사람의소래가산에마조치

나나니라　네게욕하는말이뚤넌거슨　본래네가죠

흔말을하엿스면　엇지죠흔말이　도라오지아니하엿스리오

니라　사람이남을대하여하는말도　이산이응하는것파갓하여

말울하면　남도네게죠흔말노갑나니라하고　가라쳣나니라

제가하는소래와갓치　만일네가조

룡복아이일샌아　네가남의게조흔

○제이십일공과　사슴이물을거울삼음이라

사슴한마리가물을마시려하여　시내에나려왓더니　우연히제몸이물에빗

최는거슬보고　머리브터다리까지익히보아　두어분동안을물속에섯다가혼자

말노하대　아아내뿔은엇지이리죠흔고　엇지하야이러한큰뿔이내머리에낫는

고　만일내몸이다란대도　다이와갓치컷스면　진셜노내가가장조흔즘숭이될거

사오　그러나내다리가아러케나는거슨　참슙흐고붓그러온일이라　엇지하면이

다리도뿔과갓치크고아람다올고하더니　그때맛참산양포수가그근처에오는소

래가잇는지라　크게놀나랴고하더니　오히려사슴의다리가가배야와잘

다라나다가　홀연이그뿔이나모가지에걸니여　거구러저움작이지못하니가

련하다사슴이여야　뿔노인연하여　산양포수의게잡힌바ㅣ되엿나니라　사슴

161

가말하되네가우물속에잇스니 엇지넙고깁흔거슬알겟나뇨 바다는네가평생

단여도 그곳살보지못할거시오 네가평생을드러가도 그밋슬보지못하리라

개고리가말하기를 너는거짓말노 네처소를자랑한다하더라 므릇학석이업

고소견이좁은은사람은 다란사람의개명한재조와 광대한사업을드르면 밋지

안코거짓말한다하니 엇지눈먼개고리와다람이잇사리오

○제이십공과 산이대답한소래라

하로는룡복이란아해가 조고마한산에가서 혼자단니며놀더니 그때는

맛참중춘이라 산마다꼿이란만히퓌고 새는관관히울어참경개됴커늘 룡복

이가꼿이산봉에가득하고 일만물건이화창함을보고 노래를불넛더니 건너

편에서도저와똑갓치노래를부라는지라 룡복이생각하되누가저를흉내이는

가하야누구냐한즉 쏘누구냐대답이도라왓는지라 룡복이노하야욕을하엿더

니 쏘욕을하거늘 룡복이누가저를쌀보고 그리하는줄알고 대단히분하야

그흉내내던사람을다랄질하여단니며 차젓스나맛참내그형적을보지못하엿더라

룡복이쥬시집에도라와 그어머니께 꼬하여갈아대 산속에누가똑제목소래

와갓치흉내내고 쏘나다려욕하더이다한대 그모친이대답하되 그런거시아니

대엇더 한나 모를버혈잇가　목수쟝이갈아대곳은나모를버히라하니　그사람이
생각하되　저나모는잘난다고로속히죽는도다
인이말하되　손님이오섯스니　오리를잡으라한대　저녁에쏘친구집을차저간즉　주
를잡으리잇가하니　주인이갈아대울지못하는오리를잡으라한대　하인이갈아대엇더한오리
각하되　저오리는잘못난교로속히죽는다하더라　우리도세상에잇슬때에　너
무잘난체하면　남의게썩거짐을밧을거시오　너무못난체하면　남의게치소를
밧을거시니　그사이에가부를생각하야잘지낼지어다

○제구공과　눈먼개고리니야기라

한개고리가우물가온대에살더니　바다에사는자라가　맛참그지경에지나
다가　우연히그우물속에드러갓나니라　눈먼개고리가우물돌우헤안저　교만
하게뭇되　네가어대로좃차왓나뇨　자라가대답하되　바다로좃차왓노라　개고
리가한번우물을두루도라단니고무려왈　바다도이갓치큰냐　한대　자라가대답하
되　이것보다대단히큰니라하니　개고리쏘한번우물속에드러갓다가　나와서
다시문왈바다물도이와갓치깁흐냐하니　자라가대답하되이보다대단히깁흐니
라　개고리가갈아대그러면네가아모커나　바다가크고깁흔거슬말하라　자라

숨흐다나는졈은때에 엇지생애를 전일히아니하엿는고하며 한탄하고숨허
하나 지금은나히늙어서 수죡도막음대로할수업서 또후회만한들무삼효험이
엇사리잇가 여러분은 이무씨한사람의고생하는거슬보고 한번졍한직업은
아모리어려울지라도 참고참아즁도에변치말고 시죵을힘쓰는거시올소이다

○ 제십칠공과　거북과쌩나모의니야기라

네젼에한사람이거북하나흘잡아 솟헤넛코불을때여삼으되 죽지안커늘
할수업서 도로바다물에내흐라고 지고가다가쌩나모아래에수이더니 거북
이하는말이 텬하나모를다때여도 능히나를삼지못하리라한대 쌩나모가갈
아대오직내가잇다하니 그사람어그말을른듯고 거북을지고제집으로도라가서
쌩나모를버혀볼때여삼으니 거북이곳죽는지라 이일을보건대 거북과쌩나모
가 말을조심하지못하야 돌여다죽엇스니 우리도말을조심하지아니하면서
로해를당할가하노라

○ 제십팔공과　조흔나모와울지못하는오리라

엇더한사람이산즁에드러가다가분즉 목수가나모를버힐새 일군이갈아

쏘아쏘개략라하되 조개는단단하야 용이케쏘갤수업는지라 여러가마귀가다
속수무책어더니 그중에한가마귀가고개를숙이고 무삼계교를생각하는듯하
더니 조개를움키여공중에놉히올나서 조개를그바회아래에떠러치니 조개
가쌔여지는지라 이에그속에잇는고기를 쏘아먹엇나니라 세상사람일을
서작하다가 할수업다하고그만두면 반다시맛잇는고기를 먹지못할쏫하니
라

○ 제십륙과   무식한사람이라

녜전에한무식한사람이잇스니 이사람이처음에는나모군되다가 독긔
무거움을 참지못하야나모군사업을 그만두고목수가되엿더니 자귀의위태
함을무섭게넉여그일을그만두고 그다음에붓무장이가되엿더니 여름에피롭고
더움으로그만두고 그다음에농부가되엿더니 거름이추하여그만두고 그다
음에쌀고용군이되엿더니 힘이든다하야고만두고 나종에백장이되엿더니 이
거슨천한생애라하고 그만두엇삽나니다
슯흐다이무식한사람이여 이제는할일도업고 직업옴기기에세월을허비하여
일할사이가업섯삽나니다 그러함으로이사람이 지금은대단히후회하야갈아대

165

때에 아해들과 갓치 노다가　동모중에 한아해 가 슛박괴 물독속에싸지거날

급히구원코저하나　그독이 집고물이만하야　엇지 할수업스매　각각황황하야

엇지할술을모로더니　그독을깨처서 이아해를구원하

엿스니 저실노사람의지혜는측량치못할일이니라

○ 제십사 광파　여호란즘승과 괴획니야기라

한괴가잇서산중에서　여호를맛나 문안한대　여호는답례도아니하고 다

만귀를옷독히세우고　꼬리를흔들며　피다려무러왈너는무삼재조가잇나뇨 피

대답하여갈아대　아모재조잇는지 모로나니다하니　여호가웃고갈아대　어어

불상하다재조를모로는놈아　네가만일산양개를맛나면 엇지하랴라뇨하고 욕

하더니 믄득그때에산양개가오는지라　피는맛참나 모우헤안젓시나 여호는

나모에올으지못하ᄭ　황망히사면으로패하야다라나다가　맛참내개의게잡혓나

니라

여러분도자긔일을먼저힘쓰고　남을웃지마시오

○ 제십오공파　가마귀가조개를먹은니야기라

허다한가마귀가 한바다가헤모히여　조개를바회우헤두고　입부리로써

모아래에나려오거늘 나라사람이세워님군을삼으니 이는곳단군이라하며 쏘

삼국유사에갈아대 천신아태백산제단나모아래에강님하니 그때에한곰이천

신의게빌엇스니 사람되기를원한대 드대여녀인의몸으로환성하엿더니 그

녀인이천신의교접한바되여아달을나으니 이는곳단군의소생이라 이에단

군니나라일홈을조선니라하니 이때는요님군무진년이라 처음에평양에도읍

하엿다가 상나라무정팔년을미에나리러 구원산으모드러가 신이되엿나니라

이세대에조선을상고하건대 예수강생전이천이삼백년일이라 그때기우리동

방이캄캄하야열니지못한거슨 말하지아니하야도가히알니로다 론어에아홉

오랑캐라한말은 우리동방을가라친거시니 우리의생각에는 상고브터중고

서지 아홉종류가퍼저살며 님군도업고어른노업슬때에 타국에서엇더한사

람이온거슬보고 신이라하야님군을삼엇는가하노라 넷사람중에혹은닐아대

단군이알천사십년동안을장수하며 한나라를누럿다하고 혹은닐아대일천

백팔십년동안을자자손손히전하여나려온세대라하니라

○제십삼공파　사마 온공의 지혜

네전에 송나라떠에 사마온공이라하는사람이잇스니 이사람이 오륙세될

런악한동모를사괴지아니할일이라 녜전말이착한사람으로한가지잇스면그

내암새가향뫼로온난초갓고 악한사람으로한가지잇스면 그내암새가썩은고

기갓다하니라 항상악한동모를상종하면 제집안도악한행습에물드러서

대여악한사람이되나니 속담에갈아대불근것과상종하면 불근빗치된다하는

말은 불근것과흰거슬한데둔즉 흰것도역시불근빗치되는것갓치 악한벗으

로더브러상종하면 자연악습에물든비단유니라

○제십일공과　소야도풍의니야기라

소야도풍이라하는사람은 일본나라에서 유명한글시잘쓰는사람이라 이

거슨도풍이가길가다가보니 한개고리가버들나모가지에 붓고저하다가 여러

번쩌러치되 더욱힘써긋치지안터니 맛참내그가지에붓거늘 도풍이가그거

슬보고감동하야 아모일이러라도 참힘을쏙쓴즉 못될거시업다하고 그후에

눈눈오는아참에도 일즉이너러나며 비오는밤이라도 늣도록힘써글씨를배와

드대여유명한글시잘쓰는사람이되여 지금까지사람들이대단히칭찬하나니라

○제십이공과　단군의니야기라

동국통감에갈아대 동방에는처음에군쟝이업더니 션인이태백산박달나

이가그제야 곰의목을물어죽이고 잡아먹엇다하니 사람도이거슬보면 힘보다지혜가무서온줄을가히알겟도다

○제구공과　인의례지신이라

무릇사람마다다섯가지덕행이잇스니 측은한마음으로널니사랑함을 인이라하고 붓그러온마음으로맛당한일을행함을 의라하며 사양하는마음으로공경하고존절함을 례라하며 올코그른거슬분별하는마음으로 하나흘주장하야정리치를해석함을 지라하며 진실한마음으로거짓시업고 만물에당연한성잇슴을 신이라하나니 부모섬기기는인으로하고 님군섬기기는의로하고 부부의분별은례로하고 장유의차례는지로하고 붕우의사괴음은신으로하나니라

○제십공과　동모라

동모라하는거슨 학교에단이며갓치공부하고 또갓치노는자를닐아리니 그정직하야남을속이지아니하며 학식이만한사람은 조흔동모요 내몸에유익한벗이될거시니 그런고로우리는힘써서 그런조흔동모로더브러사피는거시올흐니 또남을속이며간사하며아첨하는사람은 악한놋모니 우리는결단코그

생하는버려지니　처음에버러지로집을지은후에　나뷔로화생하야　알을시러종
자를전하나니　사람이누에와갓치　육신은늙으며죽어서지하에뭇치고　령혼
은영생하는마당에나아가니　이일노　그리치를가히알지니라

○제팔공과　호랑의니야기라

호랑이라하는즘승은　여러즘승즁에제일용맹잇고위엄이만한즘승이니　그
린고로산즘승의님군이라하나니라　하로는여호를잡아먹으랴하거늘　여호가
숩히비러말하되　만일나을살니면　모든즘승들을만히모라드리마한즉　호랑
이가허락한대　여호가머리를흔들며　꼬리를슬고　압서서가니　뭇즘승들이가
소리보고모다나서서조롱할새　호랑이가뒤에조차와서　다잡아먹엇다하니라
쏘하로는곰을잡아먹으라하되　곰은힘이만한즘승이라　능히대적지못하고　한
쐬를생각하야　가만히가서곰의뒤다리를물고　늡흔바위아래에숨엇더니　곰이
크게노하야　큰나모를뽑으며　호랑이를치니　호랑이는맛지안코　바위만맛
는지라　곰은본래미련한고로　호랑이가그나모　자긔를도로칠가두려워하
야　나모를모다적거바리거늘　호랑이가쏘한번곰을물고　그전과갓치숨엇더니　호랑
곰이쏘그전과갓치하기를종일토록하매　긔력이피곤하야샹에업더지거늘　호랑

○ 제륙공과　달팽이라

달팽이라하는거슨 등에 한껍질을지고잇스니 이는몸을감초는집이니라 달팽이가잇다감나올때이면 연한쌀네슬내나니 그중에긴것슨에산혜는눈이잇고 쩌은것아래에는입이잇나니라 달팽이가제마음대로 그쌀을움치기도하고 쏘내여느리기도하니 이버러지는배를긋치고 느릿느릿하게단녀며 쏘집우헤도올나가나 급히는단녀지못하니 일노인하야일너무천천히하는사람은 속담으로달팽이라하나니라 달팽이가겨울이되면집에들어치운때를지내나니 쏘집업는달팽이도잇스니 그런고로집업는사람은 달팽이갓다하나니라

○ 제칠공과　누에라

누에라하는거슨 쎙나모닙을먹는버러지라 처음에는털버러지색기갓치뵈이다가 쎙닙을십여일쯤먹으면 먹지안코 ᄀ개을들고잠을자다가 쌘후에는 쏘쎙닙을먹으매 몸이차차크고 빗치희며윤택하니 이와갓치 세번자고쌘후에는 섭흐로올나가서 입으로실을도하고 집을삼어그속에잇스니 그집일홈을곳치라하나니 이굿처을삼머서실을쌥아 각색비단을싸는거시라 쏘누에는화

로하며 죽는자도무어스로하며　병든자를도무어스로하나뇨　모든악한일이

술에잇나니라

술일홈은매우만하니　소수와쳔주와탁주와맥주와　과하주와　소곡주와　감흥

로와포도주와국화주와두견주와　송엽주와죽엽주와백화주와　여러가지술만

다는법이잇스되　제일독한술은다소주로만다나니라

○제오공과　소곰이라

여러분은다소곰이맛시 짠줄은아시나　그러나그거슬무엇스로　엇더케만다는

지모로시겟기로　그니야기를대강설명하오리이다　소곰은바다물노만다는거

신대　그만다는법은바다가에　조수래왕하는쌍에　조수물감할쌔이면그쌍을

자조갈라서　폭양에잘말녀그흙을모히여두니　그곳을염밧이라하나니라　그

후에조수물을길어다가　맛처재물나리드시하야　간이녹은즉그물을콘가마솟

에부어　물이다졸아지도록불을쎄여쓰리면　그후에희고졍한소곰이되나니라

쏘다른소곰은산에서도파버여　만다는법도잇나니라

대개소곰은음식에제일요긴한거시오　쏘상하고썩어지는것도소곰을쑤리면　다

시아니상하나니라　소곰에유조함을다말할수업도다

나무열매로 짠 것과 복어와 상어와 고래와 명태와 멸치와 여러 가지 어유를 내인
것과 소와 돗과 곰과 오소리와 모든 기는 즘승의 기름과 닭과 백노와 곤이와 여러
가지 날즘승의 기름과 또 석유 가잇스니 창새기름과 콩기름과 소기름은 항용
음식에 쓰며 불도 혀고 면화씨 기름과 어유와 수유기름과 산추기름은 불혀는 대
만히 쓰나니라 들깨 기름은 싀려 서도 유를 만다러 우산과 유삼과 각색 유물만
다는 대 쓰며 혹 강정과 산자 만다는 대도 쓰며 돗기름과 곰기름과 오소리 기름과
닭기름과 백로 기름과 파 마자 기름은 약용에 만히 쓰며 또 동백 기름은 머리에 바
르며 석유는 석탄 잇는 땅을 깁히 파서 길어내여 등불 혀는 대 제일 조흐며 또 박
하유와 숫태 기름과 살구씨 기름은 사람의 병곳치는 대 쓰나니라

○ 제사용과 술이라

술이라 하는 거슨 녜전에 의적이라 하는 사람이 만단 거시니 하나라 우님군
이 맛보시고 갈아대 후세에 나라를 망할 자 가잇스리라 하더니 그후로 패가 망신
한 자는 가히 혜알일 수 업도다 대개 술은 한 가지 도리 합이 업스니 살인하는 자가
무어스로 하며 원수지는 자 도무어스로 하며 싸호는 자 도무어스로 하며 간음
하는 자 도무어스로 하며 방탕하는 자 도무어스로 하며 숩허하는 자 도무어스

○ 뎨일공과　여호라

여호의 모양은 개와 갓고　또간사한재조가잇고　의심이만한즘승이니　그럼으로간교한재조가잇고　의심이만한사람은　여호갓다하니라　여호의귀와　그코는샢족하며　눈은밝으며　쇼리는길고숫하며　쌍에구멍을파고그속에서사나니　낫에는숨어단니고　밤에는먹을거슬차지러나오나니　여호는개고리며취며돍을잘먹으며　또집오리며모실과를먹나니라

○ 뎨이공과　나모리치라

나모줄기와가지가점점크게되는거슨　쌀희가흙가온대서길을만한진액을잘올녀보내기에잇는지라　대개나모는해마다한겹질식자라나니　그런고로멋해묵은지알고저하면　줄기를버혀그베힌자리을보면　둥글게도라간나모절수효로조차아나니　또그중심에잇는조고마한절은　첫해에생긴거시니라

○ 뎨삼공과　기름이라

기름은그종류가매우만하니　이루말하기어려오나　항용하는거슬닐을진대　참새와콩과들쌔와면화씨를짠것과　수유와산추와피마자의소태와동백과　모든

혹학교에드러가 교육밧는자가잇스나 녀자는당초에 학문을가르치지안코

다만천력으로부리기를노비갓치하며 문밧긔나지못하야옥에갓친죄인과

갓치하니 무삼식견이잇스리오 학문이업는고로 의견이몽매하야 첫재는

좁은마음으로매사를잘헤아릴수업고 둘재는남의어미되여 자녀훈계할줄을

잘알지못하니 진실노개탄한일이라 그런고로 남녀무론하고 어린아희초학을

위하야책일편을저술하엿스니 일홈은초학언문이라 이책은언문자획과 그배

호는법과 아희교육하는법을평성하엿고 또이번저술한책일홈은국문독본이니

이책은지식의유익한뜻과학문에졍보되는말과고금에 유명한사람의사괴를대

강긔록하엿스니 그전공부에비하면 뜻이조곰깁고문맥이호번하니 거의초

학하는자의게 차서가될듯하도다 이글을잠심하여보고 볼샨아니라쓰기도

하며쓸샨아니라외오기도하며 외올샨아니라리처를궁구하면 초학자의유익

함이잇슬가하노라

주강생일千九百二년 월 대미국선교사조원시

175

○국문독 본서문

대개사람이세상에나매 무론남녀하고불가불학문이잇서야 지식이발달하고

의견이고명하나니 학문상에유익한서책은 부지기수로대 아희가갑혼학문

을배혼후 업는거슨 지식과의견이부족한연고라 그런고로학문배호는차서

가잇스니 비유컨대사다리에올나가는것과갓흐니 사다리에올으는사람이 아

래을밟아차차올나가지아니하고 쯸지에우혜를쒸여올으고자하면 반다시넘어

지지아니하면써러질자라 므릇적은거스로큰거슬니르고갓가온대로브터먼대를

니르는거슨 자연한리치오엇엇한법이라 대한에글두가지가잇스니 하나혼

한문이오 하나혼국문이니 한문으로말하게데면 자양이괴묘하야그림과갓고

문리가교책하야비단문의갓하니 진실노문장선배의글이라 사다리의쏙닥이

되고 국문으로말하게데면 자획은간단하나어음이쏙쏙하며 문리가천근하나

쓰지못할배업스니 가히모든리치를가르칠만하도다 남녀로유잔에 이국문

사다리를밟으면 능히올나가지못할지식이업고 또한넘어지고써러질념려업

스라라 얼노말매암아국문을힘써숭상함이 한문공부에비교하면 가위사반

공배요 모든학문상에유익한리치를다배화알만한지라 또세상풍속에 남자는

Preface to First Edition.

With the rise of a new system of Education in Korea comes an urgent call for suitable text-books. Under the old regime, when the native script was ignored and education was confined to Chinese, the old text-books served very well. But changd conditions have prevailed since 1894 and a new national spirit has led the Koreans out along new lines of development. Especially has this been the case in education,—the old school system being modified for the better, a place being accorded the Korean script which was formerly denied it. At first there were no text-books with which to begin a study of the script, and to meet the need of a Primer, the Cho-hak Un-mun, was issued. It is now felt that the time is ripe to send forth a continuation of the Primer in the form of a First Reader, which will supplement the Primer and carry those who began their study with it deeper in to a knowledge of Korean.

Originality is not claimed for the collection of stories herewith offered. Some of them have been taken from the Chinese readers already in use in the government schools for the study of Chinese, and some of them have been translated from western history. But the most of them have been gathered from the stories which circulate among the Koreans and which are familiar to them.

GEO. HEBER JONES.

Chemulpo, Korea.

May 1st, 1902.

THE

Kuk-mun Tok-pon

KOREAN FIRST READER

BY

REV. GEO. HEBER JONES, Ph.D.

국
문
독
본

미
이
미
교
회
책
판

SECOND EDITION, 1903
FIFTH THOUSAND

METHODIST PUBLISHING HOUSE